Seconda Ca

Easy Italian
for Living Like a Local

Angie Branaes

Ciao
Hello

Copyright © 2025 Angie Branaes. All rights reserved.

First Edition, 2025

Published by CiaoHello

Cover design by Angie Branaes

No part of this publication may be reproduced, distributed, or transmitted in any form or by any means, including photocopied, recorded, stored in a dabatase, used for AI training, or other electronic or mechanical methods, without the prior written permission of the publisher and copyright holder, except in the case of brief quotations embodied in critical reviews and certain other noncommercial uses permitted by copyright law.

This is a work of fiction. Any resemblance to actual persons, businesses, places, events, and brands is purely coincidental.

The moral right of Angie Branaes to be identified as the author of this work has been asserted in accordance with the Copyright, Designs and Patents Act 1988.

A CIP catalogue record for this book is available from the British Library.

ISBN: 978-1-0683352-1-1

To discover more language learning books, visit www.ciaohello.ai

*For my parents, whose seconda casa in Italy inspired this book
and the need to learn Italian*

Table of Contents

Welcome to Seconda Casa	1
How to read this book	2
Capitolo 1: Arrivare in Italia	3
Capitolo 2: Sistemare la casa	19
Capitolo 3: Conoscere la comunità	30
Capitolo 4: Occuparsi della vita quotidiana	43
Capitolo 5: Mangiare e divertirsi in Italia	65
Capitolo 6: Mantenere la casa	92
Capitolo 7: Prendersi cura della salute	104
Capitolo 8: Vivere come un italiano	109
Before you go	128
About the author	130
Common expressions	131
Italian grammar cheat sheet	135
Vocabulary	145

Welcome to Seconda Casa

Ciao!

Welcome to *Seconda Casa*—your guide to speaking Italian like a local, and *with* the locals.

This book is for anyone who spends time in Italy and wants to get by in Italian. Whether you already have a holiday home or are thinking of getting one, *Seconda Casa* will help you learn the Italian you need to feel at home.

Seconda Casa offers simple, everyday conversations — from chatting with neighbours to shopping. These conversations teach you practical phrases and vocabulary to help you navigate daily life in Italy. By the end, you'll feel more confident speaking Italian and connecting with others.

At *CiaoHello* we teach languages through stories and conversations that portray real-life situations, helping you build fluency through casual reading. We especially help beginners and intermediate learners improve their vocabulary, as they would struggle to pick this up from books, TV and real conversations.

I created *CiaoHello* and wrote *Seconda Casa* because I've experienced how challenging it can be to pick up the vocabulary you need for everyday life.

If you enjoy this book, visit www.ciaohello.ai for more conversations to continue improving your Italian.

Buona lettura,
Angie Branaes
Founder of CiaoHello

How to read this book

Top tip: Don't stop to look up every word on the first read!

The best way to learn Italian with this book is to read the conversations casually, just like you would in your native language. Reading a lot in a new language helps you naturally pick up vocabulary, without focusing too much on grammar or verb tenses.

You'll notice repetition, which reinforces key vocabulary. The language is simple, with verbs mainly in the present tense, so you can focus on learning useful words and phrases.

This book is made up of easy conversations that form a longer story, organized by topic. You can skip ahead to sections that interest you, like talking with neighbours or managing your home. After reading each conversation a few times, try practicing them out loud — either on your own or with a partner.

Enjoy the process and don't hesitate to read the book multiple times. Over time, you'll be able to understand and speak Italian with locals. Italians are friendly and appreciate any effort to speak their language. So, try saying *"Ciao, come stai?"* next time you're out to start a conversation!

~ CAPITOLO 1 ~

Arrivare in Italia

Benvenuto! Anna visita la sua nuova seconda casa in Italia. Arriva nella sua nuova seconda casa, vede la città, va a prendere un caffè e mangia al ristorante.

La seconda casa

Il telefono di Anna suona.

Anna: Pronto?

Agente immobiliare: Ciao Anna! Sono Marco, l'agente immobiliare.

Anna: Ciao Marco! Come va?

Agente immobiliare: Bene, grazie. Ho una buona notizia! La casa è tua!

Anna: Davvero? La casa è mia?

Agente immobiliare: Sì! Complimenti!

Anna: Grazie! Sono molto felice!

Agente immobiliare: Ci vediamo domani per le chiavi?

Anna: Sì! A che ora?

Agente immobiliare: Alle undici va bene?

Anna: Perfetto! A domani!

Agente immobiliare: A domani! Ciao!

Anna conclude la telefonata e sorride.

Anna: La casa è mia! Che bello! Devo preparare la valigia!

Anna prepara la valigia con vestiti, un libro e il passaporto. Poi compra un biglietto per l'Italia e noleggia una macchina.

Anna: Domani vedrò la mia nuova casa. Non vedo l'ora!

L'arrivo in Italia

Anna arriva all'aeroporto in Italia. È contenta, ma anche un po' stanca.

Anna: Devo prendere la valigia. Dov'è la mia valigia?

Anna segue i cartelli e prende la sua valigia, poi cerca l'autonoleggio.

Anna: Adesso, dov'è l'autonoleggio?

Segue un altro cartello e arriva al banco dell'autonoleggio. C'è un ragazzo lì.

Ragazzo al banco: Buongiorno! Come posso aiutarla?

Anna: Buongiorno! Ho una prenotazione per una macchina.

Ragazzo al banco: Va bene. Posso vedere i suoi documenti?

Anna: Sì, certo. Ecco la patente e la carta d'identità.

Il ragazzo controlla i documenti, poi le dà le chiavi.

Ragazzo al banco: Tutto a posto! Queste sono le chiavi della sua macchina.

Anna: Grazie! Dov'è la macchina?

Ragazzo al banco: La macchina è nel parcheggio C. Segua i cartelli.

Anna: Va bene. Grazie! Arrivederci!

Ragazzo al banco: Arrivederci e buon viaggio!

Anna va al parcheggio, trova la macchina e parte.

Anna: Che bello guidare in Italia! Ora vado alla mia nuova casa.

L'arrivo alla nuova seconda casa

Anna arriva alla sua nuova casa. È arancione, con le finestre verdi e un giardino.

Anna: La casa è bellissima! Che emozione!

L'agente immobiliare è davanti alla casa.

Agente immobiliare: Buongiorno, Anna! Benvenuta!

Anna: Ciao! Grazie! Come stai?

Agente immobiliare: Sto bene. Hai fatto buon viaggio?

Anna: Sì, tutto bene. Sono un po' stanca, ma sono felice!

Agente immobiliare: Immagino. Ecco le chiavi della casa. Congratulazioni!

Anna: Grazie mille! È un sogno!

Anna apre la porta e guarda dentro.

Anna: Wow! C'è una cucina, un soggiorno e due camere da letto!

Va alla finestra e guarda fuori.

Anna: Che vista! C'è il mare!

Agente immobiliare: Sì, la vista è fantastica! Ti piace la casa?

Anna: Sì, è perfetta!

Anna sorride e comincia a immaginare la sua nuova vita in Italia.

La nuova casa

Anna entra nella sua nuova casa, si guarda intorno e sorride.

Anna: Che bello! La casa è mia.

Cammina nel soggiorno. È vuoto.

Anna: Non c'è un divano. Devo comprarlo. Senza divano, dove mi siedo?

Si avvicina alla finestra. Fuori vede il giardino e una piccola piscina.

Anna: Che vista meravigliosa! Il mare è bellissimo. Nel giardino voglio mettere mobili da giardino. Una sedia qui, un tavolo lì... sì, perfetto!

Poi entra in cucina. La cucina è moderna, ma manca qualcosa.

Anna: Ho bisogno di una lampada qui. La cucina è troppo buia senza una lampada.

Entra nella prima camera da letto. C'è un letto al centro della stanza.

Anna: Bene! C'è già un letto. Ora metto le lenzuola.

Anna apre la valigia e prende le lenzuola. Copre il letto e sistema i cuscini.

Anna: Ecco fatto. Ora sembra una vera camera da letto.

Poi apre l'armadio. È grande e vuoto.

Anna: Perfetto! Metto i vestiti nell'armadio.

Prende i vestiti dalla valigia e li sistema nell'armadio.

Anna: I vestiti sono in ordine. Adesso cosa manca?

Anna si siede sul letto. Prende un quaderno e una penna dalla borsa. Scrive: comprare divano, mobili da giardino, e lampade.

Anna: Divano, mobili da giardino, lampade… sì, devo fare una lista completa.

Si alza e guarda di nuovo fuori dalla finestra.

Anna: La mia casa è vuota, ma è perfetta. Ho tanto da fare, ma sono felice!

Incontrare la vicina Maria

Anna apre la porta della sua casa, guarda fuori e vede una donna nel giardino. Appena vede Anna, la donna sorride.

Anna: Ciao! Mi chiamo Anna. Sono nuova nel quartiere.

Maria: Ciao, Anna! Piacere di conoscerti. Io sono Maria.

Anna: Piacere, Maria! Ho comprato questa casa come seconda casa. Passo l'estate qui.

Maria: Che meraviglia! Benvenuta! Questa zona è molto tranquilla.

Anna: Sì, mi piace molto. La casa è perfetta. Hai una famiglia?

Maria: Ho due figli. Si chiamano Sofia e Matteo. Mio marito si chiama Antonio. Abbiamo un bel giardino.

Anna: Anche il mio giardino è bello. E ho anche una vista sul mare!

Maria: Wow, che bello! Vieni a trovarci per un aperitivo un giorno.

Anna: Mi piace l'idea. Grazie!

Maria: A presto, Anna!

Anna: A presto, Maria. Grazie!

Anna sorride e ritorna in casa. Si sente già a casa in questo posto nuovo.

Esplorare la città

È mezzogiorno e Anna va a vedere la città. Vuole comprare degli oggetti per la casa e mangiare qualcosa in un caffè.

La città è piccola, ma molto bella. Anna guarda le case e sorride. Ci sono case grandi e piccole, tutte colorate e luminose. Alcune sono rosa, altre gialle o arancioni. Le finestre verdi rendono le case ancora più particolari.

Anna vede il mare. La spiaggia si trova tra il mare e la piazza. È affollata di persone: alcune nuotano nell'acqua, mentre altre si rilassano prendendo il sole.

Ci sono anche molte barche nel mare. Il mare è stupendo e il sole è caldo.

Anna cammina nella grande piazza piena di persone. Alcune sono sedute nei caffè.

Anna passa davanti a un fruttivendolo, ma è chiuso. C'è un cartello sulla porta: "Orari di apertura: 9:00-13:00, 16:30-19:30".

Anna: Strano. Provo un altro negozio.

Anna passa davanti ad altri due negozi. Entrambi sono chiusi.

Anna vede un caffè vicino alla piazza ed entra. Il caffè è piccolo e accogliente con una bella vista del mare. Anna si avvicina al barista dietro il bancone.

Anna: Buongiorno! Perché tutti i negozi sono chiusi?

Barista: Buongiorno! In Italia, molti negozi chiudono nel pomeriggio. È l'ora del riposo. Aprono di nuovo alle quattro e mezza.

Anna: Ah! Ora capisco. Devo tornare più tardi.

Barista: Esatto. Vuoi un caffè?

Anna: Sì, grazie.

Il barista prepara un caffè. È un espresso, servito in una piccola tazzina.

Anna: Oh! È molto piccolo!

Barista: In Italia, un caffè è piccolo e corto. È un espresso.

Anna: Nel mio paese il caffè è lungo.

Barista: Ah! Tu vuoi un caffè americano, ma prova questo. Noi lo chiamiamo 'caffè normale'. In Italia beviamo il caffè velocemente al banco. È il caffè italiano.

Anna beve il caffè al banco, come fanno gli italiani. È forte e buono.

Anna: Mi piace!

Barista: Brava! Ora sei una vera italiana!

Anna sorride. Ogni giorno impara qualcosa di nuovo sull'Italia.

Al caffè per pranzo

Anna entra nel caffè per pranzo. Guarda i pasticcini nella vetrina del banco. Ci sono panini, cornetti e torte. Anna vede anche una torta al cioccolato e diversi panini al prosciutto. Si siede a un tavolo.

Un cameriere viene da lei.

Cameriere: Buongiorno, come sta?

Anna: Buongiorno, sto bene, grazie. E lei?

Cameriere: Bene, grazie. Che cosa desidera?

Anna: Vorrei un panino con prosciutto e un cappuccino, per favore.

Cameriere: Ah, solo per dirle - qui in Italia abbiamo una piccola abitudine, il cappuccino lo beviamo di solito solo a colazione. Ma se le piace, può prenderlo lo stesso!

Anna: Davvero? Non lo sapevo! No no, voglio fare come gli italiani. Un caffè normale, per favore.

Cameriere: Perfetto! È già sulla buona strada per diventare una vera italiana!

Il cameriere sorride. Poco dopo, le porta il panino e il caffè. Anna mangia il panino e beve il caffè. È molto contenta.

Anna: Il conto, per favore.

Il cameriere porta il conto e Anna lo guarda.

Anna: Va bene. Pago con la carta.

Cameriere: Grazie e arrivederci!

Anna: Arrivederci!

In gelateria

Anna cammina lungo la strada soleggiata, guardando i negozi colorati. L'aria è calda e molte persone mangiano il gelato. In Italia, il gelato è una tradizione importante. Ogni città ha gelaterie famose. I gusti classici sono pistacchio, nocciola e cioccolato, ma ci sono anche gusti nuovi come tiramisù e crema catalana. Anna vede una gelateria e decide di entrare.

Dentro, c'è una grande vetrina con tanti gusti di gelato. Anna guarda i gusti: cioccolato, fragola, pistacchio e vaniglia. La gelateria è piena di persone che parlano e ridono. Il gelataio serve il gelato sorridendo. Anna si avvicina al bancone per scegliere.

Anna: Buongiorno! Posso provare due gusti, per favore?

Il gelataio sorride e indica i gusti.

Gelataio: Certo! Che gusti vuoi provare?

Anna: Vorrei provare il pistacchio e la fragola, per favore.

Il gelataio prende un cucchiaio e le fa assaggiare il pistacchio e la fragola.

Gelataio: Ti piacciono?

Anna: Sì, sono ottimi! Vorrei un piccolo gelato con questi due gusti, il pistacchio e la fragola, per favore.

Gelataio: Cono o coppetta?

Anna: Cono, per favore.

Il gelataio mette il gelato in un cono e le dà il gelato.

Gelataio: Ecco, un gelato. Sono tre euro.

Anna paga con la carta.

Anna: Grazie! Arrivederci!

Anna si siede su una panchina. Guarda il mare e mangia il gelato.

Chiedere indicazioni stradali

Anna cammina nel centro del paese. C'è una bella vista sul mare. Le strade sono strette. Ci sono molti negozi, caffè e ristoranti. Anna vuole comprare del cibo da portare a casa. Vede un uomo che passeggia.

Anna: Mi scusi, dov'è il negozio di alimentari?

Uomo: Il negozio è vicino. Devi andare dritta e poi al primo incrocio girare a destra. È sulla sinistra.

Anna: Grazie! E c'è anche una panetteria?

Uomo: Sì, c'è una panetteria. È di fianco al negozio di alimentari. Fanno una focaccia molto buona.

Anna: Perfetto! E dove posso comprare della carne?

Uomo: C'è una macelleria vicino alla panetteria. Accanto alla macelleria c'è una pescheria per il pesce. Ogni venerdì mattina c'è un mercato in piazza.

Anna: Che bello!

Uomo: Attenzione, i negozi chiudono nel pomeriggio. È meglio andarci la mattina, prima di mezzogiorno.

Anna: Grazie mille! Arrivederci!

Anna cammina verso il negozio alimentari, felice di conoscere meglio il paese.

Fare la spesa

Anna va al supermercato per comprare alcuni prodotti di base. Prende un carrello e si dirige al reparto del latte, dove sceglie una bottiglia di latte fresco. Poi, nel reparto della pulizia, prende una confezione di sapone e di carta igienica.

Prima di andare alla cassa, Anna guarda le confezioni di caffè sugli scaffali. In Italia, il caffè è molto importante e ci sono tante marche tra cui scegliere. Anna sceglie il suo preferito e si dirige verso il banco della salumeria.

Anna: Buongiorno! Vorrei del prosciutto e del formaggio, per favore.

Salumiere: Quanto ne vuole?

Anna: Due etti di prosciutto crudo e tre etti di formaggio, grazie.

Il salumiere le consegna i prodotti.

Anna va alla cassa.

Cassiere: Buongiorno! Il totale è venticinque euro.

Anna: Buongiorno! Pago con la carta.

Cassiere: Va bene. Le serve una borsa?

Anna: Sì, per favore.

Cassiere: Sono cinquanta centesimi in più per la borsa.

Anna: Va bene.

Il cassiere le dà lo scontrino.

Cassiere: Ecco lo scontrino. Buona giornata!

Anna: Grazie, anche a lei!

Anna sorride, prende la borsa ed esce dal supermercato.

Dopo essere uscita dal supermercato, Anna va dal panettiere. In Italia, molte persone preferiscono comprare pane e frutta fresca nei negozi specializzati, che offrono prodotti di qualità e un servizio personalizzato. Entra in panetteria e guarda la focaccia fresca sul bancone.

Anna: Buongiorno! Vorrei due pezzi di focaccia e una pagnotta, per favore.

Panettiere: Ecco la sua focaccia e la pagnotta. Sono quattro euro in totale.

Anna: Grazie. Pago con la carta.

Panettiere: Va bene. Ecco il POS.

Anna paga e prende il pane fresco, che ha un profumo delizioso.

Panettiere: Grazie e buona giornata!

Anna: Grazie, anche a lei!

Poi, Anna va dal fruttivendolo. Sceglie delle pesche, delle arance e dei pomodori dalla frutta esposta fuori dal negozio. Poi, entra nel negozio e guarda anche le mele all'interno. Anna va alla cassa.

Fruttivendolo: Sono dodici euro in totale. Contanti o carta?

Anna: Pago in contanti.

Anna dà quindici euro al fruttivendolo.

Fruttivendolo: Ecco il resto. Grazie e buona giornata!

Anna: Grazie, anche a lei!

Anna è contenta di avere della frutta fresca per la sua casa. Ama fare la spesa nei piccoli negozi, dove può parlare con i venditori e trovare i prodotti più freschi. È un'abitudine che rende ogni acquisto speciale.

Mettere via la spesa

Anna arriva a casa con la sua spesa. Entra in cucina e mette le borse sul tavolo. Guarda la spesa e inizia a sistemare tutto.

Anna: Vediamo... prima metto il latte nel frigorifero.

Anna prende il latte e lo mette nel frigorifero.

Anna: Poi, anche il formaggio e il prosciutto vanno nel frigorifero.

Anna prende il formaggio e il prosciutto e li mette nel frigorifero

Anna guarda la frutta. Ci sono pesche, arance, pomodori e mele.

Anna: Metto la frutta qui, nella ciotola.

Anna mette la frutta nella ciotola sul bancone della cucina.

Anna: La frutta è fresca, che bello!

Poi, Anna prende il sapone e lo mette sul lavandino.

Anna: Il sapone va qui.

Anna prende la carta igienica e la mette nel bagno.

Poi prende il caffè e lo mette su uno scaffale della cucina.

Anna: Ecco il caffè! Va sullo scaffale.

Infine, Anna mette il pane e la focaccia nella credenza vicino al tavolo.

Anna: Ora metto il pane e la focaccia nella credenza.

Anna sorride mentre finisce di mettere a posto la sua spesa.

Anna: La cucina è ordinata, e ora ha tutto quello che serve!

Una cena fuori

Anna decide di andare a cena fuori. Cammina nel paese e vede un ristorante carino con luci calde e una dolce musica in sottofondo. Si sente il profumo di pane appena sfornato. Anna entra nel ristorante e si avvicina al cameriere.

Anna: Buonasera! Posso avere un tavolo per uno? Non ho una prenotazione.

Cameriere: Certo, venga! Il tavolo è subito disponibile.

Anna si siede fuori, godendosi la vista sulla piazza. Il cameriere le porta il menù. Anna guarda il menù e vede tante opzioni interessanti. Per antipasto, ci sono bruschette croccanti, prosciutto e melone fresco, e una caprese con pomodori maturi e mozzarella. Per i primi piatti, ci sono pasta al pomodoro, lasagne e un cremoso risotto ai funghi. Poi, per il secondo, il ristorante offre pesce fresco del giorno, carne succulenta, o verdure grigliate.

Anna: Sembra tutto delizioso!

Il cameriere ritorna al tavolo.

Cameriere: Ha scelto cosa prendere dal menù?

Anna: Sì, vorrei un antipasto della casa e un secondo di pesce. Quale vino locale mi consiglia con il pesce?

Cameriere: Le consiglio il Vermentino, un vino bianco leggero. È perfetto con il pesce.

Anna: Perfetto, prendo il Vermentino!

Il cameriere porta il vino e l'antipasto. Anna assaggia le bruschette e sorride. Sono croccanti e saporite. Mentre mangia, guarda fuori dalla finestra e si gode la calma della sera.

Anna: Questo vino è davvero buono, e il cibo è fantastico!

Dopo l'antipasto arriva il pesce. È fresco e profuma di mare.

Cameriere: Tutto bene?

Anna: Sì, tutto perfetto, grazie!

Dopo il pesce, il cameriere torna.

Cameriere: Vuole un dolce? Abbiamo tiramisù e panna cotta.

Anna: No, grazie. Voglio solo il conto, per favore.

Il cameriere porta il conto. Anna guarda il totale e paga con la carta.

Anna: Grazie mille, è stato un pasto meraviglioso!

Cameriere: Grazie a lei! Arrivederci e buona serata!

Anna esce dal ristorante con un sorriso, pensando che tornerà presto.

A letto

Anna è stanca dopo la sua prima giornata nella nuova casa. Va in camera e si prepara per andare a letto. Si siede sul letto e guarda fuori dalla finestra. Vede il mare che luccica al tramonto. Il paese è tranquillo, piccolo e accogliente.

Anna prende il cuscino e si mette sotto le coperte. Pensa alla giornata. È molto felice. La casa è perfetta e le persone sono gentili. Il paese è piccolo e bello. Anna si sente già a casa.

Il giorno dopo, Anna ha tanto da fare. Deve sistemare la casa e conoscere meglio il paese.

Anna: Buonanotte, seconda casa nuova! A domani!

Anna sorride, chiude gli occhi e si addormenta. Sogna la spiaggia dorata e la cucina locale, sentendo i suoni del mare.

~ CAPITOLO 2 ~

Sistemare la casa

È un nuovo giorno. Anna si sveglia presto e va in cucina. È il momento di fare colazione. Prende il pane, il prosciutto e il formaggio che ha comprato ieri. Si siede al tavolo e mangia la sua colazione.

Poi pensa al caffè. Anna cerca la moka, ma non la trova da nessuna parte. Si rende conto che non ha una moka. Non ha nemmeno molti piatti o pentole. Ha bisogno di comprare molte cose per la casa.

Anna decide di andare a fare acquisti. Vuole comprare una moka, piatti, pentole e altre cose per la cucina. Ha bisogno di tanti oggetti per la casa.

Acquisti per la cucina

Anna entra nel negozio per comprare cose per la cucina. Il commesso la saluta.

Commesso: Buongiorno! Cosa posso fare per lei oggi? Sta cercando qualcosa in particolare?

Anna: Buongiorno! Ho bisogno di piatti, posate e pentole. Mi può aiutare?

Commesso: Certo! I piatti sono qui. Venga con me.

Il commesso mostra i piatti ad Anna. Anna guarda i piatti e sceglie quelli che le piacciono di più. Poi il commesso le mostra le posate.

Anna: Posate, perfetto! Voglio coltelli, forchette e cucchiai.

Il commesso mostra i coltelli, le forchette e i cucchiai. Anna li guarda e sceglie quelli che vuole.

Anna: Prendo tutto, grazie! E le pentole e padelle, dove sono?

Il commesso la porta alla sezione delle pentole e delle padelle. Anna guarda le pentole e le padelle. Dopo un po', ne sceglie alcune.

Anna: Perfetto, queste pentole vanno bene!

Anna esce dal negozio e va a un altro negozio per comprare una moka. Entra e dice al commesso.

Anna: Buongiorno, vorrei comprare una moka.

Commesso: Abbiamo molte opzioni. Quale moka preferisce?

Anna sceglie una moka per due persone.

Anna: Questa moka va bene, grazie.

Anna compra la moka. Ora ha tutto quello che le serve per fare il caffè e preparare il pranzo.

Comprare una SIM

Anna va al negozio di telefonia per comprare una SIM prepagata italiana. Ha bisogno di un numero di telefono, ma soprattutto vuole una SIM con tanti dati per navigare su internet.

Anna: Buongiorno, vorrei una SIM con molti dati. Devo fare molta spesa online per la casa e usare Google Maps.

Commesso: Capisco. Per navigare su internet e usare Google Maps, consiglio questo piano prepagato. Ha molti dati al mese e una buona copertura in tutta Italia.

Anna: Perfetto, mi serve proprio tanto internet. E quanti dati ci sono?

Commesso: Questo piano offre 50 GB di dati per internet. Sono abbastanza per fare acquisti online, usare le mappe e altre app.

Anna: Ottimo, mi serve anche la copertura per navigare ovunque, anche nelle zone più remote. Com'è la copertura?

Commesso: Il segnale è molto buono, anche nelle zone lontane dalla città, soprattutto per l'uso di internet. Non avrà problemi nelle principali città e nemmeno nelle zone più rurali.

Anna: Perfetto, voglio questo piano. Quanto costa?

Commesso: La SIM costa 15 euro e include 10 euro per chiamare e mandare messaggi. Può ricaricare i dati se li finisce durante il mese.

Anna: E se voglio più dati?

Commesso: Può ricaricare facilmente i dati direttamente dal suo telefono con una ricarica online o nei negozi. È semplice e veloce.

Anna paga e riceve la sua nuova SIM.

Anna: Grazie! Posso navigare su internet da subito?

Commesso: Sì, basta inserirla nel suo telefono e si attiva subito. Può iniziare a navigare online senza problemi.

Anna: Perfetto, grazie mille!

Anna esce dal negozio soddisfatta, pronta per iniziare a fare acquisti online e navigare con facilità in Italia. Ora ha tutto ciò che le serve per sentirsi a casa.

Acquistare i mobili

Anna entra in un negozio di mobili per comprare cose per la sua casa. Il commesso la saluta.

Commesso: Buongiorno! Come posso aiutarla?

Anna: Buongiorno! Vorrei comprare un divano, un tavolino da salotto e dei mobili da giardino.

Commesso: Perfetto! Venga con me, le mostro i divani.

Il commesso porta Anna alla sezione dei divani. Anna guarda i divani e ne sceglie uno che le piace.

Anna: Questo divano è comodo. Quanto costa?

Commesso: Ha un buon prezzo ed è robusto.

Anna: Perfetto, lo prendo.

Poi Anna chiede di vedere i tavolini da salotto.

Anna: Mi può mostrare i tavolini, per favore?

Il commesso la porta dove ci sono i tavolini. Anna guarda e ne sceglie uno che le piace.

Anna: Questo tavolino va bene. Lo prendo con il divano.

Commesso: Ottima scelta! Le servono anche delle sedie?

Anna: No, per ora no. Voglio i mobili da giardino.

Il commesso la porta dove ci sono i mobili da giardino. Anna guarda i tavoli e le sedie per il giardino.

Anna: Mi piacciono questi tavoli e queste sedie. Sono perfetti per il mio giardino.

Commesso: Sono molto resistenti, ideali per stare fuori.

Anna: Ottimo, li prendo!

Anna paga ed esce dal negozio. È felice perché ha trovato tutto per il salotto e il giardino.

Comprare lampade e lampadine

Anna entra in un negozio di illuminazione. Vuole comprare delle lampade e delle lampadine per la casa.

Anna: Buongiorno! Sto cercando delle lampade e delle lampadine. Può aiutarmi?

Commesso: Certo! Ha un modello specifico in mente?

Anna: Vorrei qualcosa di moderno. Forse una lampada grande per il salotto.

Il commesso le mostra alcune lampade. Ci sono lampade grandi e piccole, con interruttori diversi.

Anna ne prova alcune, mentre guarda nel negozio. Accende e spegne gli interruttori per provare le luci.

Commesso: Questa lampada è molto bella. È grande e ha un bel design.

Anna: Mi piace! La prendo.

Poi, Anna guarda le lampadine.

Anna: Quante lampadine mi servono per questa lampada?

Commesso: Dipende dalla lampada, ma per questa lampada servono tre lampadine. Le serve un tipo particolare?

Anna: Vorrei lampadine a risparmio energetico, per favore.

Commesso: Ecco le lampadine. Posso aiutarla con qualcos'altro?

Anna: No, grazie. Solo queste. Quant'è il totale?

Commesso: La lampada e le lampadine costano 90 euro.

Anna: Perfetto, pago con carta.

Nel negozio, ci sono molte altre lampade, ma Anna ha scelto quella che le piace di più.

Anna paga, prende la lampada e le lampadine, poi esce dal negozio.

Ora ha tutto ciò che le serve per illuminare il salotto.

Comprare la vernice

Anna entra in un negozio di vernici. Deve comprare della vernice per i muri della casa.

Anna: Buongiorno! Vorrei comprare della vernice per le pareti di casa. Mi può aiutare?

Commesso: Certo, che tipo di colore cerca?

Anna guarda i colori sugli scaffali. Ci sono molte tinte, dal bianco al giallo, dal blu al grigio. Pensa a come decorare le stanze della casa.

Anna: Vorrei qualcosa di chiaro per il soggiorno. Forse un azzurro o un beige.

Commesso: L'azzurro è molto popolare. Anche il beige è una buona scelta per il soggiorno.

Anna guarda le tonalità di azzurro e beige.

Anna: Penso che prenderò un azzurro chiaro per il soggiorno. E per la cucina, voglio un giallo chiaro. Che ne pensa?

Commesso: Ottima scelta! L'azzurro chiaro crea un ambiente rilassante e il giallo dà energia alla cucina.

Anna decide di comprare il colore azzurro per il soggiorno e il giallo per la cucina.

Anna: Perfetto. Mi servono anche un pennello e un rullo per dipingere, e un secchio per la vernice.

Commesso: Ecco, prenda questo pennello e questo rullo. Il secchio lo trova accanto alla cassa.

Anna: Grazie! Quanto costa tutto?

Commesso: La vernice costa 30 euro al litro, il pennello e il rullo costano 15 euro, il secchio invece viene 5 euro.

Anna: Ok, prendo due litri di vernice e il resto.

Anna paga e prende tutto il necessario per pitturare le stanze. È soddisfatta della sua scelta e non vede l'ora di iniziare a dipingere la casa.

Attivare il wi-fi

Anna va al centro commerciale perché vuole il wi-fi per la sua casa. Entra in un negozio di telecomunicazioni.

Anna: Buongiorno, vorrei il wi-fi per la mia casa. Che opzioni avete?

Commesso: Abbiamo tre opzioni: una economica, una media e una veloce.

Anna: Mi serve per il lavoro e per guardare film. Quale prendo?

Commesso: Prenda la seconda, è la migliore per lavorare e guardare i film. È un po' più costosa, ma va bene.

Anna: Ok, la prendo. Come si fa?

Commesso: Per attivare il wi-fi, ci serve il codice fiscale.

Anna: Codice fiscale? Cos'è?

Commesso: È un codice che tutti hanno in Italia. Serve per fare il contratto e registrare il servizio.

Anna: Ah, capisco! Dove lo trovo?

Commesso: Lo trova sul suo documento d'identità.

Anna prende il suo documento e lo dà al commesso.

Anna: Ok, ecco qua.

Il commesso guarda il codice fiscale e lo scrive nel computer.

Commesso: Ecco, ora tutto è pronto. Il wi-fi sarà attivo in due o tre giorni.

Anna: Grazie! Quindi il modem arriverà tra due o tre giorni?

Commesso: Sì, riceverà un pacco con il modem per posta.

Anna: Perfetto, grazie!

Commesso: Prego! Buona giornata!

Anna esce dal negozio, contenta di avere il wi-fi per la sua casa.

Ritirare il pass per il parcheggio

Anna si reca al comune per ritirare il suo pass per il parcheggio per residenti. All'ingresso, un impiegato la accoglie.

Impiegato: Buongiorno, come posso aiutarla?

Anna: Buongiorno, sono venuta a ritirare il mio pass per il parcheggio per residenti.

Impiegato: Certo! Ha con sé i documenti necessari?

Anna mostra la sua carta d'identità e il certificato di residenza.

Impiegato: Perfetto, ecco il suo pass. Ora le spiego le regole del parcheggio. Con il suo pass può parcheggiare gratuitamente negli spazi segnati in giallo. Gli spazi gialli sono riservati esclusivamente ai residenti con il pass. Può parcheggiare lì senza problemi.

Anna: Perfetto! E gli spazi blu?

Impiegato: Per quelli, deve pagare la tariffa indicata sul parchimetro.

Anna: Capito. E gli spazi bianchi?

Impiegato: Gli spazi bianchi sono gratuiti per tutti.

Anna: Grazie! E la zona a traffico limitato?

Impiegato: La ZTL è attiva negli orari indicati dai cartelli. Quando è attiva, solo chi ha il pass può entrare. Se guida nella ZTL senza permesso, riceve una multa automatica.

Anna: Va bene, farò attenzione.

Anna ringrazia l'impiegato e torna a casa con il suo pass di parcheggio. Ora conosce bene le regole e si sente pronta a parcheggiare senza problemi in città.

Il primo pranzo a casa

Anna torna a casa dopo aver comprato le cose per la cucina. È ora di preparare il pranzo.

Anna: Oggi voglio preparare qualcosa di semplice: pane, formaggio e prosciutto. E un buon caffè!

Prima, ripone le pentole e le padelle nei cassetti della cucina.

Anna: Dove metto questa padella? Ah, ecco, nel cassetto grande.

Poi prende la moka, la riempie con il caffè e infine la mette sul fuoco.

Anna: Un caffè caldo ci vuole sempre.

Mentre aspetta, prende un piatto e le posate per il pranzo. Prepara la tavola mettendo un tovagliolo e un bicchiere.

Anna: Un piatto, due posate... Dove sono i bicchieri? Ah, eccoli!

Quando il caffè è pronto, Anna lo versa nella tazza. Si siede al tavolo e sorride.

Anna: Caffè e pranzo semplice, ma che soddisfazione.

È felice di essere a casa.

Dopo aver mangiato, Anna lava i piatti e ripone le posate e le pentole nei cassetti.

Anna: Adesso tutto è sistemato e posso rilassarmi.

Le regole del riciclo

Anna è a casa. Ha finito di mangiare e sta svuotando delle scatole di cartone che vuole buttare via. Ora deve capire le regole per il riciclaggio. In Italia, il riciclo è molto importante e ogni città ha regole diverse.

Anna: Ho sistemato le scatole. Ora devo capire le regole per il riciclo.

Anna guarda il calendario della raccolta. Ogni giorno raccolgono un tipo diverso di rifiuto. Il lunedì si raccoglie la plastica. Il martedì è il giorno della carta. Il mercoledì è il giorno dell'organico. Il giovedì si raccoglie il vetro.

Anna: Devo mettere i rifiuti nel contenitore giusto.

Anna guarda i contenitori che ha in casa. Ha un contenitore giallo per la plastica, un sacchetto di carta per la carta, un contenitore verde per l'organico.

Anna: Quale contenitore devo usare per il vetro?

Lei vede un contenitore verde scuro per il vetro.

Anna: Ah, il contenitore verde scuro è per il vetro.

Anna legge le istruzioni. I rifiuti devono essere separati. La plastica non può essere mescolata con la carta o l'organico. Se non separa i rifiuti, non possono essere riciclati.

Anna: Ora sono pronta. Ogni giorno, metterò la spazzatura nel contenitore giusto.

~ CAPITOLO 3 ~

Conoscere la comunità

Conoscere i vicini e la comunità.

Incontrare la vicina Laura

Anna è fuori a fare una passeggiata nel quartiere. Incontra una vicina che non ha ancora conosciuto.

Anna: Ciao! Sono Anna, sono nuova nel quartiere. Questa è la mia seconda casa.

Laura: Ciao, piacere di conoscerti, Anna! Anche per me questa è la seconda casa. Vivo a Milano, ma vengo qui ogni fine settimana e in vacanza ad agosto.

Laura indica una casa gialla con le persiane verdi.

Laura: Questa è la mia casa.

Anna: Che bello! Sono nella casa arancione dietro l'angolo.

Laura: Ah, hai una casa bellissima!

Anna: Grazie! Mi piace molto qui per adesso. È un posto tranquillo.

Laura: Sì, è molto tranquillo. Mi piace venire qui per rilassarmi.

Anna: Anche a me! È perfetto per una pausa dal lavoro.

Laura: Sì, è proprio quello che cerco. Quando hai tempo, possiamo fare una passeggiata insieme.

Anna: Mi piacerebbe molto! A presto, Laura.

Laura: A presto, Anna! Buona passeggiata!

Chiacchiere con il vicino

Anna sta uscendo di casa quando vede il suo vicino, Antonio, che sta passeggiando nel quartiere.

Anna: Buongiorno, come stai?

Antonio: Bene, grazie. E tu?

Anna: Tutto a posto, grazie. Che caldo oggi!

Antonio: Sì, è davvero caldo. Che bella giornata!

Anna: È vero. Questo sole splendente è perfetto per una passeggiata!

Antonio: Sì, vado a fare una passeggiata sul lungomare.

Anna: Buona passeggiata! Io andrò in giardino più tardi.

Antonio: A presto, buona giornata!

Chiedere consigli

Anna fa una passeggiata nel quartiere e vede Laura.

Anna: Ciao, Laura! Come stai?

Laura: Ciao, Anna! Sto bene, grazie. E tu?

Anna: Bene, grazie. Sono nuova qui. Volevo chiederti quali attività si possono fare in zona?

Laura: Ci sono così tante cose da fare qui intorno! Se ti piace il mare, puoi andare in spiaggia. È molto bella. Poi, c'è una passeggiata lungo il mare. È perfetta per camminare.

Anna: Mi piace! Qualche altro posto che posso vedere?

Laura: Se ti piace la natura, puoi fare delle camminate tra le colline. Ci sono molti percorsi. C'è anche un mercato sabato. Puoi comprare prodotti locali.

Anna: Grazie, Laura! Non vedo l'ora di provare!

Aperitivo con i vicini

Anna sta passeggiando nel quartiere quando vede Maria e Antonio.

Antonio: Ciao, Anna! Volevamo invitarti per un aperitivo a casa nostra stasera alle sei. Vieni!

Anna: Che bello! Mi piace l'idea. Ci sarò!

Anna arriva a casa di Maria e Antonio alle sei per l'aperitivo. Ci sono già altri vicini. Ci sono anche Laura, Marco e Lucia.

Maria: Siediti, Anna! Vuoi qualcosa da bere?

Anna: Sì, grazie! Cos'è tipico qui?

Maria: Qui, tutti bevono un Aperol spritz. Vuoi provare?

Anna: Volentieri!

Maria prepara un Aperol spritz per Anna. Poi, porta anche dei salatini, delle olive e dei grissini.

Antonio: Ecco gli stuzzichini! Sono ottimi con l'Aperol spritz.

Anna: Wow, che buoni! Cos'altro c'è da mangiare?

Laura: Abbiamo anche della mozzarella, dei salumi e delle focacce.

Lucia: E ci sono anche delle bruschette con pomodoro e basilico.

Marco: L'aperitivo è un momento di relax. Si beve e si mangia insieme. È una tradizione italiana.

Anna: Mi piace molto questa tradizione! È molto diversa da quello a cui sono abituata, ma è davvero bellissima.

Maria: Sì, lo facciamo ogni fine settimana. L'aperitivo è un momento sociale.

Antonio: È un momento per parlare, fare due chiacchiere e rilassarsi prima della cena.

Lucia: Esatto! Qui, l'aperitivo è come una piccola festa prima della cena.

Anna: È davvero interessante. È bello fare qualcosa insieme con i vicini.

Laura: Sì, qui è molto importante stare insieme. Ci conosciamo tutti e ci aiutiamo.

Maria: Prova una bruschetta! È fatta in casa.

Anna: È deliziosa!

Antonio: Alla salute! Un brindisi per i nuovi amici!

Tutti: Salute!

Anna: Grazie per l'invito! È stata una serata bellissima.

Maria: Prego, è un piacere! Vieni anche la prossima volta!

Scambiarsi i numeri di telefono

Anna e Laura si incontrano mentre passeggiano nel quartiere.

Anna: Ciao, Laura! È stato bello parlare con te l'altro giorno.

Laura: Ciao, Anna! Anche a me è piaciuto. Dobbiamo decidere cosa fare insieme!

Anna: Sì, sarebbe bello! Cosa pensi di fare?

Laura: Potremmo andare alla spiaggia o fare una passeggiata. Tu cosa preferisci?

Anna: Mi piacciono entrambe le idee!

Laura: Perfetto! Dobbiamo solo pianificare quando. Hai il mio numero?

Anna: No, non ce l'ho. Vuoi darmi il tuo numero di telefono?

Laura: Sì, certo! Il mio numero è 347 123 4567. E tu?

Anna: Il mio è 347 987 6543. Ti scrivo su WhatsApp così ci organizziamo.

Laura: Ottima idea! Ti scrivo anch'io. Così possiamo parlare meglio.

Anna: Perfetto! Non vedo l'ora di incontrarci e divertirci insieme.

Laura: Ci sentiamo presto!

Un regalo speciale

Anna è fuori per una passeggiata nel suo quartiere. Cammina lentamente e guarda i giardini delle case. Quando passa davanti al giardino di Marco, si ferma un momento.

Marco ha un grande orto con molte piante. Ci sono molti pomodori, fragole, zucchine e melanzane. I pomodori sono grandi e rossi. Anna li guarda e dice a Marco:

Anna: Marco, i tuoi pomodori sono bellissimi!

Marco: Grazie, Anna! Sono molto contento che ti piacciano.

Poi Marco prende un cesto e raccoglie alcuni pomodori.

Marco: Prendi questi, sono per te.

Anna è molto felice e prende i pomodori. Poi guarda Marco e dice:

Anna: Grazie, Marco! Mangio un pomodoro subito.

Anna prende un pomodoro ciliegino e lo mangia.

Anna: Delizioso! È il pomodoro più buono che abbia mai assaggiato!

Marco: Sono molto felice che ti piacciano! Sono coltivati con tanto amore.

Anna sorride e continua la sua passeggiata. Lei è felice per il regalo che ha appena ricevuto.

Ospitare un aperitivo

Anna invita i suoi vicini a casa per un aperitivo.

Ha preparato alcuni piatti tipici italiani per l'occasione: bruschette con i pomodori, un tagliere con affettati misti, formaggi e olive. Ha anche messo sul tavolo delle piccole porzioni di risotto e delle polpette.

Anna: Ciao a tutti! Benvenuti!

I vicini arrivano. Ci sono Laura, Lucia, Marco, Antonio e Maria. Ognuno porta qualcosa. Maria porta un vino locale, Lucia porta dell'olio d'oliva e Marco porta dei formaggi tipici. Antonio porta un altro vino e stuzzichini.

Laura: Grazie per l'invito, Anna! Che bel tavolo!

Anna: Grazie a voi per essere venuti! Ho preparato piatti tipici italiani. Ci sono prosciutto, formaggi, olive e pane.

Tutti chiacchierano mentre brindano.

Lucia: Anna, devi visitare la cantina qui vicino. È famosa per il suo vino rosso.

Anna: Oh, interessante! È una buona idea!

Marco: Anche il nostro olio d'oliva è fantastico. Se vuoi, posso portarti a visitare il nostro oliveto.

Anna: Mi piacerebbe molto! Grazie!

Mentre chiacchierano, tutti bevono vino e mangiano stuzzichini. Anna è felice di avere i suoi vicini a casa.

Anna: Grazie ancora a tutti per i regali. È stato un piacere fare aperitivo con voi!

Tutti brindano di nuovo.

Maria: Alla salute! E grazie per l'invito, Anna!

Anna: Alla salute!

La cena alle sette

Anna organizza una cena.

Anna manda un messaggio ai vicini Maria, Laura e Marco su Whatsapp.

Anna: Cena a casa mia venerdì! Alle 19:00?

Maria: Alle 19:00? Ma è così presto!

Laura: Alle sette? Non è un po' troppo presto?

Marco: Ho letto male o hai scritto le sette? È un po' strano.

Anna chiama Maria.

Anna: Ho sbagliato orario?

Maria: In Italia, non si cena alle sette! D'estate poi...

Anna: A che ora si cena?

Maria: Di solito, prima c'è l'aperitivo, verso le otto. Poi si cena alle nove.

Anna: Alle nove? Così tardi?

Maria: Non è tardi! In estate si cena anche più tardi, perché prima fa troppo caldo!

Venerdì sera, alle otto.

Laura: Perfetto! L'ora dell'aperitivo!

Marco: Ho portato il Prosecco!

Antonio: E Maria ha preparato gli stuzzichini!

Anna: Ma ho preparato anche la pasta...

Maria: La pasta dopo! Prima l'aperitivo, ci si rilassa e si beve.

Alle nove meno un quarto.

Laura: Che profumo! Ora si può pensare alla cena!

Anna: Nel mio paese la cena sarebbe già finita.

Maria: Qui la cena è appena all'inizio! Prima il primo, poi il secondo.

Marco: Poi il contorno, la frutta, e alla fine il dolce.

Anna: E a che ora si finisce?

Antonio: Quando si finisce! Non c'è fretta!

A mezzanotte.

Anna: Ecco, adesso capisco! Qui si mangia con calma... e si chiacchiera molto!

Maria: Esatto! La cena è un momento di socialità. Nessuna fretta!

Anna: Beh, è stata una cena lunga, ma molto bella!

Laura: Siamo felici che ti sia piaciuta!

Anna: Lo ammetto... pensavo di mangiare presto e andare a letto, ma sono contenta di aver imparato a gustare il cibo e il tempo in buona compagnia!

Il comitato dei vicini

Anna trova un volantino nella cassetta delle lettere: *Riunione del Comitato della Strada - Giovedì ore 21:00 - Casa di Marco.*

Anna: Maria, cos'è questo comitato?

Maria: È importante! Ogni strada ha il suo comitato. Discutiamo di vari argomenti: feste, problemi e nuovi progetti per la zona.

Anna: Devo venire?

Maria: Certo! Se no, come fai a sapere cosa succede? E poi dobbiamo votare per i nuovi alberi!

Giovedì sera, a casa di Marco.

Marco: Benvenuti a tutti! Prima di iniziare, voglio presentarvi Anna, la nuova proprietaria di Villa Arancione.

Tutti: Benvenuta!

Laura: Allora, iniziamo con il programma della serata. Per prima cosa parleremo della festa di settembre, poi del problema dei parcheggi e infine dei nuovi alberi.

Signora Bianchi: Per la festa propongo una cena in strada, come l'anno scorso.

Marco: Ottimo. Chi vuole partecipare alla cena deve portare qualcosa. Maria, ci pensi tu a organizzare?

Maria: Va bene! Faremo come sempre: i numeri civici 1-10 portano antipasti, 11-20 primi piatti, e così via.

Anna è confusa e sussurra a Maria.

Anna: Ma io cosa devo portare?

Maria: Tu sei al numero 15, quindi un primo piatto. Facile!

Marco: Passiamo al prossimo punto: il problema dei parcheggi.

Dopo due ore di discussioni.

Anna: Non pensavo che un comitato avesse così tante decisioni da prendere!

Maria: Oh sì, il comitato decide tutto. Benvenuta nella nostra strada!

Laura: E ricorda, la prossima riunione è a casa tua!

Anna: A casa mia?!

Marco: Certo, le riunioni si fanno a rotazione. E chi ospita prepara anche i dolci!

Anna: Quindi devo: portare la pasta per la festa, ospitare la prossima riunione e preparare i dolci?

Maria: Esatto! Ma è anche divertente. Vedrai!

Laura: E non dimenticare il caffè per tutti!

Il gruppo WhatsApp

Anna è a casa e riceve un messaggio su Whatsapp.

Maria: Ti ho aggiunta al gruppo WhatsApp della strada!

Il gruppo WhatsApp ha subito cinquanta messaggi non letti. Anna risponde a Maria.

Anna: Maria, ci sono tantissimi messaggi!

Maria: È ovvio! È il nostro giornale locale! Ma ci sono regole precise...

DING!

Laura (nel gruppo): Buongiorno a tutti!

DING! DING! DING!

20 persone (nel gruppo): Buongiorno! Buona giornata! Buongiorno a tutti!

Anna scrive a Maria.

Anna: Devo rispondere a tutti i 'buongiorno'?

Maria: No, tranquilla. E comunque mai dopo le 10.00.

DING!

Marco (nel gruppo): Chi ha visto il furgone dell'idraulico in zona?

DING!

Signora Bianchi (nel gruppo): È da me! Qualcuno ha bisogno?

Maria scrive ad Anna.

Maria: Vedi? Utile per le informazioni pratiche!

DING!

Laura (nel gruppo): Ho fatto troppi biscotti… qualcuno li vuole?

30 messaggi in 2 minuti

Anna scrive a Maria.

Anna: È sempre così veloce?

Maria: Sì, soprattutto per il cibo, le emergenze e i pettegolezzi. Niente politica, mai!

DING!

Marco (nel gruppo): Attenzione! Temporale in arrivo! Ritirate i panni!

Anna scrive a Maria.

Anna: Devo rispondere?

Maria: No, ma devi ritirare i panni!

~ CAPITOLO 4 ~

Occuparsi della vita quotidiana

Fare la spesa e ricevere i pacchi.

La spesa al supermercato

Anna decide di fare una grande spesa al supermercato. Prende il suo carrello e inizia a camminare tra gli scaffali. Prima va alla sezione del pane.

Anna: Prendo un po' di pane fresco.

Anna mette il pane nel carrello, poi si dirige verso la sezione della pasta.

Anna: Voglio prendere della pasta. Prendo spaghetti e penne.

Mette due pacchi di pasta nel carrello. Poi si sposta verso la sezione del formaggio.

Anna: Mi serve del formaggio. Prendo mozzarella e parmigiano.

Arriva alla sezione delle bevande. Anna mette nel carrello otto bottiglie d'acqua e due lattine di bibite.

Poi va alla sezione della frutta e della verdura. C'è molta scelta. Anna prende una mela. Una signora la guarda male.

Signora: Scusi, deve usare i guanti!

Anna: I guanti?

Signora: Sì, i guanti di plastica. Sono lì, vicino alle buste.

Anna vede i guanti di plastica e li mette.

Anna: E adesso?

Signora: Ora deve pesare la frutta. Guarda il numero, pesa la frutta, e mette l'etichetta.

Anna: Qual è il numero per le mele?

Signora: Il 4. È scritto lì, sopra le mele.

Anna va alla bilancia. Preme il numero 4, ma non succede niente.

Signora: Prima i guanti, poi la frutta, poi il numero, poi il bottone verde!

Anna segue le istruzioni e finalmente esce l'etichetta.

Anna: Grazie mille per l'aiuto!

Signora: Prego!

Dopo le mele, Anna si dirige verso la sezione della carne e sceglie del pollo.

Anna: Prendo anche del pollo.

Alla sezione del pesce, Anna sceglie del salmone.

Anna: Un po' di pesce per la cena.

Poi va alla sezione delle uova. Anna prende un cartone di uova.

Dopo aver preso tutto il necessario per la spesa, Anna si dirige alla cassa. La cassiera la saluta.

Cassiera: Buongiorno! Ha trovato tutto?

Anna: Sì, grazie. Posso pagare?

La cassiera scansiona i prodotti e le dice il totale.

Cassiera: Il totale è trenta euro.

Anna paga e prende la busta con la sua spesa.

Anna: Grazie e arrivederci!

Esce dal supermercato con il suo carrello pieno di cibo e prodotti per la casa.

Al mercato

Anna si sveglia presto venerdì mattina per andare al mercato. In Italia, i mercati settimanali sono speciali. Le persone fanno la spesa e parlano con gli amici. Si sente l'atmosfera della comunità. Ci sono prodotti freschi, di stagione e a buon prezzo.

È una giornata soleggiata. Il mercato è già vivo e colorato. L'aria profuma di frutta fresca e pane appena sfornato. Anna arriva al banco della frutta e saluta il venditore.

Anna: Buongiorno! Voglio comprare dei pomodori e delle zucchine, per favore.

Fruttivendolo: Buongiorno! I pomodori e le zucchine sono freschi e deliziosi oggi. Quanti pomodori vuoi?

Anna: Un chilo, per favore.

Fruttivendolo Prende i pomodori e li pesa. Poi, li mette in un sacchetto.

Anna: Quanto costa?

Fruttivendolo: Un chilo di pomodori costa tre euro.

Anna: Perfetto, prendo anche delle zucchine.

Fruttivendolo: Abbiamo delle zucchine fresche e dolci. Mezzo chilo va bene?

Anna: Sì, va bene.

Dopo aver comprato la frutta, Anna si sposta al banco del formaggio, dove c'è una grande varietà di formaggi freschi e stagionati. Parla con il venditore.

Anna: Buongiorno! Vorrei un po' di parmigiano, per favore.

Formaggiaio: Buongiorno! Quanto parmigiano vuoi? Un etto?

Anna: Sì, un etto di parmigiano, grazie.

Il venditore pesa il formaggio e lo avvolge nella carta.

Anna: Quanto costa?

Formaggiaio: Un etto di parmigiano costa tre euro.

Anna paga. Poi si dirige verso il banco della carne, dove ci sono salumi e carne grigliata. Si avvicina al bancone e parla con il salumiere.

Anna: Buongiorno! Vorrei del prosciutto crudo.

Salumiere: Buongiorno! Quanto prosciutto vuoi?

Anna: Un etto, per favore.

Il salumiere pesa e affetta il prosciutto.

Anna: Quanto costa?

Salumiere: Un etto di prosciutto crudo costa quattro euro.

Anna paga e si sente soddisfatta dei suoi acquisti. Con il suo sacchetto pieno di frutta, formaggio e salumi, è pronta per tornare a casa.

Comprare oggetti al mercato

È sabato mattina. Oggi Anna è al mercato locale. Questo mercato non vende cibo, bensì vestiti, scarpe, borse, oggetti per la casa e pezzi d'arte. È una giornata affollata, con tante persone che passeggiano tra le bancarelle.

Anna si ferma a una bancarella che vende borse di pelle.

Anna: Buongiorno, queste borse sono di vera pelle?

Venditore: Sì, sono fatte a mano e di pelle autentica.

Anna: Questa borsa marrone è molto bella. Quanto costa?

Venditore: Costa 50 euro.

Anna: È un po' cara. Posso avere uno sconto?

Venditore: Va bene, per lei 45 euro.

Anna paga in contanti. Poi mette la borsa nel suo sacchetto.

Poi si ferma a una bancarella che vende vestiti.

Anna: Questo vestito blu mi piace. Di che materiale è fatto?

Venditrice: È fatto di cotone e lino, perfetto per l'estate.

Anna: Posso provarlo?

Venditrice: Certo, c'è uno specchio lì.

Anna prova il vestito e si guarda allo specchio.

Anna: Mi sta bene! Quanto costa?

Venditrice: Costa 30 euro.

Anna paga con il bancomat e mette il vestito nella sua borsa.

La prossima bancarella vende ciotole e altri oggetti di ceramica.

Anna: Queste ciotole sono fatte a mano?

Venditore: Sì, sono fatte qui nel villaggio da un artigiano locale.

Anna: Sono bellissime. Quanto costa questa ciotola grande?

Venditore: Costa 25 euro.

Anna: Prendo questa e anche due più piccole. Accetta carte?

Venditore: No, solo contanti.

Anna cerca i contanti nel portafoglio e paga.

Seguito, si ferma a una bancarella di tessuti per la casa.

Anna: Questi asciugamani sono di cotone?

Venditore: Sì, sono di cotone 100%. Invece queste tovaglie sono di lino.

Anna: Questa tovaglia bianca è molto elegante. Quanto costa?

Venditore: Costa 40 euro.

Anna decide di non comprarla perché è troppo cara.

Dopo aver visitato molte bancarelle, Anna torna a casa con una borsa nuova, un vestito estivo e alcune ciotole di ceramica. È stanca, ma felice dei suoi acquisti e dell'esperienza al mercato locale.

Acquisti online per il giardino

Anna ha deciso di comprare alcune cose per il giardino. Va su Amazon e cerca degli attrezzi da giardinaggio.

Anna: Ho bisogno di un tubo da giardino.

Aggiunge il tubo da giardino al carrello.

Anna: Ora devo comprare delle cesoie per potare le piante. Le prendo subito!

Poi, Anna cerca dei vasi per le piante.

Anna: Questi vasi sono belli. Li prendo!

Subito dopo, Anna decide di comprare un sistema di irrigazione automatico per annaffiare le piante.

Anna: Con questo sistema, non dovrò mai più annaffiare.

Aggiunge il sistema di irrigazione automatico al carrello.

Infine, Anna rivede il suo ordine.

Anna: Bene, ora vediamo il totale. Perfetto! Procedo con il pagamento.

Dopo aver confermato l'ordine, Anna è contenta di aver trovato tutto il necessario per il suo giardino.

Anna: Non vedo l'ora di piantare i fiori e usare il sistema di irrigazione!

Shopping online e il codice fiscale

Anna vuole comprare dei mobili per la sua casa. Va su un sito web di mobili.

Anna: Voglio una libreria e una sedia.

Aggiunge la libreria al carrello. Poi trova una sedia che le piace e la aggiunge al carrello.

Anna: Perfetto! Ora vado al pagamento.

Quando arriva alla pagina del pagamento, c'è la richiesta di inserire il suo codice fiscale.

Anna: Che cos'è il codice fiscale? Perché lo vogliono?

Guarda meglio e legge che il codice fiscale è un codice di identificazione.

Anna: Ah, è come un numero di identità in Italia.

Anna ha un codice fiscale perché ha comprato una casa in Italia. Ma non capisce perché è necessario per fare acquisti online.

Anna: Perché devo mettere il codice fiscale per comprare online?

Anna cerca su internet e trova una spiegazione. Scopre che il codice fiscale è richiesto per fare acquisti in Italia. Aiuta a verificare la sua identità ed è richiesto per alcune transazioni.

Anna: Capisco! Il codice fiscale è importante per comprare le cose in Italia.

Anna scopre anche che il codice fiscale è importante per le tasse. Serve per avere la documentazione degli acquisti.

Anna: Ah! Serve anche per le fatture e la registrazione delle tasse.

Anna inserisce il suo codice fiscale e continua con l'acquisto. Presto riceve una conferma dell'ordine. La libreria e la sedia saranno consegnate a casa sua.

Anna: Perfetto! Non vedo l'ora che arrivino.

La consegna del pacco

Anna ha fatto un acquisto online e sta aspettando la consegna del suo pacco. Il corriere la chiama al telefono.

Corriere: Buongiorno, sono il corriere. Non riesco a trovare il suo indirizzo. Può darmi delle indicazioni?

Anna: Certo. La casa si trova in una via piccola, vicino alla piazza. Quando vede una gelateria, giri a destra. La casa è la terza a sinistra.

Corriere: Va bene, arrivo subito.

Pochi minuti dopo, il corriere arriva alla porta di Anna e suona il campanello.

Corriere: Buongiorno! Ecco il suo pacco.

Anna: Grazie! Finalmente è arrivato.

Corriere: Può firmare qui, per favore?

Anna: Certo, ecco la firma.

Corriere: Prego, buona giornata!

Anna: Grazie, anche a lei!

Anna prende il pacco e lo porta dentro casa.

Il pacco e le istruzioni

Anna ha fatto shopping online e aspetta un pacco. Quando il corriere arriva, non c'è nessuno a casa. Il corriere chiama Anna.

Corriere: Ciao, sono il corriere. Sono arrivato con il pacco, ma non c'è nessuno a casa.

Anna: Ciao! Mi dispiace, non sono a casa. Puoi lasciare il pacco dietro il vaso vicino alla porta?

Corriere: Va bene, lo lascio lì.

Anna: Grazie mille! Arrivederci.

Corriere: Prego, arrivederci.

Più tardi, quando Anna torna a casa, trova il pacco. È proprio dove aveva chiesto. È dietro il vaso vicino alla porta.

Il pacco del vicino

Anna ha fatto shopping online ieri, e adesso sta aspettando un pacco. Quando arriva a casa, però, il pacco non c'è. Trova un avviso nella buca delle lettere, che dice che il corriere ha lasciato il pacco dal vicino, Antonio.

Anna decide di andare dal vicino per prendere il pacco.

Lei suona il citofono di Antonio.

Anna: Ciao, sono Anna. Il corriere ha lasciato un pacco per me. Posso prenderlo?

Antonio: Sì, certo. È qui. Aspetta un attimo.

Antonio apre la porta e le consegna il pacco.

Antonio: Ecco il tuo pacco, Anna.

Anna: Grazie mille! Buona giornata!

Antonio: Prego, buona giornata anche a te!

Anna prende il pacco, sorridente.

In panetteria

Anna va in panetteria. È piccola, ma molto carina.

Anna: Ciao! Vorrei comprare un po' di pane, per favore.

Panettiere: Ciao! Che tipo di pane desidera?

Anna: Prendo del pane fresco e anche una focaccia.

Panettiere: Va bene. La focaccia è molto buona oggi. È appena uscita dal forno.

Anna: Perfetto! Voglio anche un cornetto e dei biscotti.

Panettiere: Certo! I biscotti sono fatti con burro fresco.

Anna: Perfetto! Quanto costa tutto?

Panettiere: Il pane costa un euro e anche la focaccia costa un euro. I biscotti e il cornetto costano quattro euro. In totale, sono sei euro.

Anna: Pago con la carta.

Panettiere: Va bene. Ecco il sacchetto. Grazie!

Anna: Grazie a te! A presto!

Panettiere: A presto! Buona giornata e buon appetito!

In pescheria

Anna va dal pescivendolo. La pescheria è piena di pesce fresco disposto sul ghiaccio, con un profumo di mare nell'aria.

Anna: Ciao! Vorrei comprare del pesce fresco, per favore.

Pescivendolo: Ciao! Che tipo di pesce desideri?

Anna: Mi piacerebbe un po' di scampi, e anche un branzino. Quanto costano gli scampi?

Pescivendolo: Gli scampi costano dieci euro al chilo. Quanti ne prendi?

Anna: Mezzo chilo, per favore. E il branzino?

Pescivendolo: Il branzino costa otto euro al chilo. Lo vuoi intero?

Anna: Sì, per favore, un branzino intero.

Pescivendolo: Perfetto! Vuoi anche dei calamari o del polpo?

Anna: Sì, prendo mezzo chilo di polpo, per favore. Quanto costa il polpo?

Pescivendolo: Dodici euro al chilo. È freschissimo, pescato stamattina.

Anna: Perfetto!

Pescivendolo: Abbiamo anche cozze e vongole per un buon risotto. Ne vuoi un po'?

Anna: No grazie, oggi non ne ho bisogno. Quant'è il totale?

Pescivendolo: Gli scampi costano cinque euro, il branzino otto euro e il polpo sei euro. In totale sono diciannove euro.

Anna: Pago con la carta.

Pescivendolo: Va bene. Ecco il sacchetto. Grazie e buona giornata!

Anna: Grazie a te! A presto!

In macelleria

Anna va dal macellaio. La macelleria è piena di carne fresca.

Anna: Ciao! Voglio comprare della carne fresca, per favore.

Macellaio: Ciao! Che tipo di carne desideri?

Anna: Vorrei due etti di manzo, per favore. Quanto costa il manzo?

Macellaio: Il manzo costa venti euro al chilo. Vuoi anche delle costolette di maiale? Costano sei euro al chilo.

Anna: Sì. Mi dai mezzo chilo di costolette di maiale? E hai del pollo fresco?

Macellaio: Sì. Ho pollo arrosto e pollo fresco.

Anna: Del pollo arrosto, per piacere.

Macellaio: Vuoi un pollo intero o solo le cosce?

Anna: Prendo un pollo intero, per favore. Quanto costa?

Macellaio: Il pollo intero costa dieci euro. Vuoi anche del coniglio o dell'agnello?

Anna: No, grazie. Hai del vitello fresco?

Macellaio: Sì. Vuoi una bistecca o carne macinata?

Anna: Prendo due etti di bistecca di vitello. Quanto costa?

Macellaio: La bistecca di vitello costa quindici euro al chilo.

Anna: Va bene. Quanto costa tutto?

Macellaio: Il manzo costa quattro euro, le costolette di maiale tre euro, il pollo dieci euro, la bistecca di vitello due euro. In totale sono diciannove euro.

Anna: Pago con la carta.

Macellaio: Va bene. Ecco il sacchetto. Grazie!

Anna: Grazie a te! A presto!

Dal fruttivendolo

Anna entra dal fruttivendolo. Il negozio è piccolo ma molto carino. Fuori ci sono pomodori maturi, pesche profumate e altre verdure fresche.

Anna: Ciao! Che bella scelta di frutta e verdura oggi!

Fruttivendolo: Ciao! Sì, oggi abbiamo prodotti freschissimi. Sono tutti di stagione.

Anna: Prendo mezzo chilo di pomodori, per favore.

Fruttivendolo: Certo! Vuoi anche delle cipolle o dell'aglio?

Anna: Sì, prendo anche cinque cipolle e tre teste d'aglio.

Fruttivendolo: Ottima scelta! Vuoi anche della frutta?

Anna: Prendo quattro pesche. Sono dolci?

Fruttivendolo: Sì, sono dolcissime! Vuoi anche delle arance e dei limoni?

Anna: Sì, prendo due arance e tre limoni.

Fruttivendolo: Perfetto! Sono appena arrivati.

Anna: Che bello! Quanto pago in totale?

Fruttivendolo: Allora, i pomodori costano tre euro al chilo, le pesche due euro, e le arance tre euro e cinquanta, e i limoni due euro. Totale: dieci euro.

Anna: Va bene. Pago con la carta.

Fruttivendolo: Grazie! Vuoi un sacchetto?

Anna: Sì, per favore.

Fruttivendolo: Sono venti centesimi in più.

Anna: Ecco qui. Grazie!

Fruttivendolo: Grazie a te! Buona giornata e buona cucina!

Anna: A presto!

Nel negozio della spiaggia

Anna entra nel negozio della spiaggia. Il negozio è piccolo, ma ha molte cose per l'estate.

Anna: Ciao! Vorrei comprare un po' di cose per la spiaggia.

Commesso: Ciao! Certo, cosa ti serve?

Anna: Prendo questa crema solare. Fa molto caldo oggi!

Commesso: È una buona scelta! Hai bisogno di occhiali da nuoto, o di un giocattolo gonfiabile da piscina?

Anna: Sì, prendo anche gli occhiali da nuoto, una ciambella gonfiabile e un telo da mare.

Commesso: Bene! Vuoi anche una rivista da leggere in spiaggia?

Anna: Sì, grazie.

Commesso: Perfetto! Ecco la tua crema solare, gli occhiali da nuoto, il gonfiabile, il telo mare e la rivista.

Anna: Quanto costa tutto?

Commesso: La crema solare costa dieci euro, gli occhiali da nuoto cinque euro, il gonfiabile sette euro, il telo mare sei euro, e la rivista tre euro. In totale sono trentuno euro. Vuoi pagare con la carta o in contanti?

Anna: Pago con la carta.

Commesso: Grazie! Ecco la tua busta.

Anna: Grazie! A presto!

Commesso: Arrivederci!

Dal parrucchiere

Anna entra dal parrucchiere per un appuntamento. Vuole accorciare i capelli per l'estate.

Parrucchiere: Ciao, Anna! Come posso aiutarti oggi?

Anna: Ciao! Vorrei tagliare un po' i capelli. Li voglio più corti per l'estate.

Parrucchiere: Certo! Quanto corti li vuoi?

Anna: Solo un po' più corti.

Parrucchiere: Va bene. Vuoi anche tingerli o fare dei colpi di sole?

Anna: Sì, vorrei dei colpi di sole per un effetto più luminoso.

Parrucchiere: Perfetto! Iniziamo con i colpi di sole.

Il parrucchiere applica i colpi di sole su tutta la testa. Dopo un po', li risciacqua.

Parrucchiere: Ora che i colpi di sole sono pronti, passiamo al taglio.

Anna si siede di nuovo e il parrucchiere comincia a tagliare i capelli.

Parrucchiere: Ecco, ora i capelli sono più leggeri e freschi. Ti piace come te li ho scalati?

Anna: Sì, mi piacciono molto! Grazie.

Poi, il parrucchiere asciuga i capelli e li mette in piega.

Parrucchiere: Guardati allo specchio! Sei soddisfatta del risultato?

Anna: Sì, è perfetto! I capelli sono freschi e leggeri per l'estate.

Parrucchiere: Sono contento che ti piacciano. Alla prossima!

Anna: Grazie mille! A presto!

Comprare vestiti

È una giornata soleggiata. Anna decide di andare a fare shopping in centro. Vuole comprare alcuni vestiti nuovi e magari un paio di scarpe per l'estate.

Anna entra in un negozio di vestiti.

Commessa: Buongiorno! Posso aiutarla?

Anna: Grazie, do solo un'occhiata.

Anna guarda le magliette sugli scaffali. Trova una maglietta bianca con un disegno carino.

Anna: Questa mi piace. Quale taglia è?

Commessa: È una taglia 42. Le taglie italiane sono di solito più grandi delle taglie europee. Una 42 italiana è come una 38 europea, cioè una Small.

Anna: Ah, capisco. Dove posso provarla?

Commessa: Può provarla nel camerino.

Anna: Dov'è il camerino?

Commessa: È in fondo, sulla destra.

Anna prova la maglietta e si guarda allo specchio.

Anna: Mi sta bene! Quanto costa?

Commessa: Costa venti euro, ma oggi è scontata del dieci per cento.

Anna: Perfetto, la prendo.

Poi Anna va in un negozio di scarpe, dove lavora un commesso.

Commesso: Cerchi qualcosa in particolare?

Anna: Sì, sandali per l'estate.

Il commesso le mostra alcuni modelli.

Anna: Questi sandali blu mi piacciono. Posso provarli?

Commesso: Che numero vuoi?

Anna: Il 37.

Commesso: Ecco qui.

Anna prova i sandali e cammina un po' nel negozio.

Anna: Sono belli, ma un po' stretti. Posso provare una misura più grande?

Commesso: Devo controllare in magazzino se c'è il numero 38.

Dopo alcuni minuti, il commesso ritorna

Commesso: Ecco qui.

La misura più grande è perfetta.

Anna: Li prendo! Quanto costano?

Commesso: Quaranta euro.

Anna paga e mette i sandali nella sua borsa.

Anna entra in un negozio di costumi da bagno, dove lavora una commessa.

Commessa: Buongiorno!

Anna: Buongiorno! Sto cercando un costume da bagno per la spiaggia.

Commessa: Vuole un bikini o un costume intero?

Anna: Un costume intero.

La commessa le mostra alcuni modelli. Anna prova un costume nero.

Anna: È elegante. Quanto costa?

Commessa: Costa settanta euro.

Anna: È un po' caro. Forse ci penso.

Anna lascia il negozio senza comprare nulla.

Infine, Anna entra in un negozio di giacche. Trova una giacca leggera perfetta per le serate estive.

Anna: Questa giacca mi piace molto. Dove posso provarla?

Anna prova la giacca e si guarda allo specchio.

Anna: Mi sta benissimo! La prendo.

Anna è felice di aver trovato quello che cercava.

Dopo aver visitato quattro negozi e fatto diversi acquisti, Anna torna a casa soddisfatta con i suoi nuovi vestiti, i sandali e una giacca leggera.

Comprare gli occhiali

Anna entra in un negozio di occhiali. Ha bisogno sia di occhiali da sole e sia di occhiali da lettura.

Commessa: Buongiorno! Posso aiutarla?

Anna: Sì, sto cercando occhiali da sole e occhiali da lettura.

La commessa la accompagna allo scaffale degli occhiali da sole.

Commessa: Qui ci sono gli occhiali da sole. Vuole provare qualche modello?

Anna: Sì, grazie. Questi rossi sembrano interessanti.

Anna prova un paio di occhiali rossi e si guarda nello specchio.

Anna: Mi piacciono, ma sono un po' grandi.

Commessa: Capisco. Provi questi blu, sono più piccoli.

Anna prova un paio di occhiali blu.

Anna: Sono comodi. Quanto costano?

Commessa: Costano ottanta euro.

Anna: Oh, il prezzo è troppo caro! Proviamo un altro modello.

La commessa le passa un paio di occhiali neri.

Anna: Questi sono perfetti! Eleganti e non troppo cari. Quanto costano?

Commessa: Costano cinquanta euro, e sono scontati del venti per cento.

Anna: Perfetto, li prendo.

Poi, la commessa la porta allo scaffale degli occhiali da lettura.

Commessa: Qual è la gradazione che le serve?

Anna: Più uno.

Anna prova alcuni modelli.

Anna: Questi verdi sono comodi e mi piacciono.

Commessa: Ottima scelta! Costano dieci euro. Vuole pagare con carta o contanti?

Anna: Con carta, grazie.

Anna paga e riceve una busta con i suoi nuovi occhiali.

Anna esce dal negozio soddisfatta dei suoi nuovi occhiali.

Ordinare una torta

È martedì mattina. Anna entra in una pasticceria in centro, perché vuole ordinare una torta per il compleanno di Laura.

Anna: Buongiorno! Vorrei ordinare una torta, per favore.

Pasticcere: Buongiorno! Certo. Che tipo di torta vuole?

Anna: Una torta al cioccolato, con panna e fragole.

Pasticcere: Perfetto. Per quante persone è la torta?

Anna: Siamo in dieci.

Pasticcere: Va bene. Vuole scrivere qualcosa sulla torta?

Anna: Sì! Scriva: *Buon compleanno, Laura!*

Pasticcere: Ottimo. La torta sarà pronta per venerdì mattina.

Anna: Grazie mille! Quanto costa?

Pasticcere: Costa 25 euro.

Anna: Va bene. Pago ora o venerdì?

Pasticcere: Paga quando ritira la torta.

Anna: Perfetto. Grazie e buona giornata!

Pasticcere: Grazie a lei! A venerdì!

Anna esce dalla pasticceria con un sorriso. Laura sarà molto felice della torta!

~ CAPITOLO 5 ~
Mangiare e divertirsi in Italia

Scopri i piatti tipici e le attività divertenti in Italia.

Un giorno in spiaggia

È una giornata calda e soleggiata, perfetta per andare in spiaggia. Anna decide di passare la giornata alla spiaggia privata locale.

Quando arriva, osserva la scena intorno a lei: alcune persone stanno nuotando e giocando nell'acqua, altre si stanno abbronzando al sole sui loro lettini. Un gruppo di bambini corre lungo la riva, ridendo e giocando. C'è qualcuno che gioca con un pallone sul bagnasciuga. L'atmosfera è rilassata e piena di allegria.

Anna si avvicina al chiosco sulla spiaggia per chiedere un lettino e un ombrellone.

Anna: Buongiorno! Vorrei un lettino e un ombrellone vicino al mare, per favore.

Assistente: Buongiorno! Certo, un lettino e un ombrellone vicino all'acqua. Vuole stare in prima fila?

Anna: Sì, se possibile, vorrei essere vicina al mare.

Assistente: Perfetto! Il prezzo per il lettino e l'ombrellone in prima fila è di 20 euro.

Anna: Va bene. Ecco 20 euro.

Assistente: Grazie mille! Ecco il ticket per il lettino e l'ombrellone. Buona giornata e buon relax!

Anna: Grazie a lei!

Anna si prepara per una mattinata di sole e relax. Con il suo lettino e ombrellone vicino all'acqua, è pronta per godersi la giornata. Il calore del sole e il suono delle onde la rendono felice.

Dopo un po', Anna nota un piccolo ristorante sulla spiaggia. L'idea di pranzare lì più tardi le sembra perfetta. Per pranzo, vuole sedersi al tavolo e godersi un buon pasto sul mare.

Pranzo in spiaggia

Anna decide di pranzare al ristorante sulla spiaggia. Quando arriva, vede il mare azzurro e la sabbia dorata. Molti stanno giocando sulla spiaggia e nuotando nell'acqua. Altri sono seduti ai tavoli dei ristoranti, mangiando e rilassandosi. Si avvicina e chiede un tavolo alla cameriera. Anna è fortunata e trova subito un tavolo libero vicino al mare.

Anna: Buongiorno, è possibile avere un tavolo per una persona, con la vista sul mare?

Cameriera: Buongiorno! Certo, abbiamo un tavolo libero proprio vicino alla spiaggia. Ecco il menù.

Anna: Grazie!

Anna prende il menù e nota alcune opzioni interessanti. Come antipasto, c'è un'insalata fresca con pomodori, cetrioli e olive. Tra i primi, vede gli spaghetti ai frutti di mare, che le sembrano perfetti per un pranzo al mare.

Anna: Vorrei l'insalata come antipasto e poi gli spaghetti ai frutti di mare. E da bere, dell'acqua frizzante, per favore.

Cameriera: Ottima scelta! Le porto tutto subito.

Anna si rilassa, godendosi il panorama mentre aspetta il pranzo. Dopo pochi minuti, la cameriera ritorna con l'insalata.

Cameriera: Ecco l'insalata. Buon appetito!

Anna: Grazie!

Anna mangia l'insalata. Guarda il mare e le persone sulla spiaggia. Poi arriva il piatto principale.

Cameriera: Ecco gli spaghetti ai frutti di mare. Buon appetito!

Anna: Grazie mille!

Il pranzo è buono. Anna mangia lentamente, sente il vento fresco e ascolta le onde. Dopo aver finito, chiama la cameriera per il conto.

Anna: Scusi, posso avere il conto, per favore?

Cameriera: Certo, arrivo subito.

Anna paga il conto e lascia il ristorante. È soddisfatta e felice. Dopo questo pranzo rilassante, si sente pronta per il resto della giornata in spiaggia.

Pianificare un appuntamento

Anna e Laura mangiano insieme stasera. Anna manda un messaggio a Laura su WhatsApp per organizzare il piano per la cena.

Anna: Ciao Laura, dobbiamo prenotare un tavolo per cena stasera.

Laura: Sì, buona idea! Dove andiamo?

Anna: Penso di prenotare in quel ristorante locale che mi piace tanto, Osteria del Mare. Hanno una vista splendida e il cibo è delizioso!

Laura: Ottimo! Mi piace molto quel posto. Fai la prenotazione!

Anna: Sì, la faccio subito.

Anna prende il telefono e prenota il tavolo al ristorante.

Anna manda un messaggio a Laura con i dettagli della prenotazione.

Anna: Prenotato! Ci vediamo alle otto!

Laura: Perfetto, non vedo l'ora!

Prenotare un tavolo al ristorante

Anna e Laura decidono di prenotare un tavolo per cena in un ristorante locale. Anna prende il telefono e chiama il ristorante.

Cameriere: Pronto! Come posso aiutarla?

Anna: Buongiorno! Sono Anna. Vorrei prenotare un tavolo per cena questa sera.

Cameriere: Certo, per quante persone?

Anna: Per due persone.

Cameriere: A che ora preferisce?

Anna: Alle otto.

Cameriere: Avete preferenze per il posto?

Anna: Fuori, se possibile.

Cameriere: C'è qualche richiesta speciale? È un'occasione particolare?

Anna: No, grazie, è solo una cena tra amiche.

Cameriere: Perfetto, un tavolo alle otto di sera per due persone. A che nome facciamo la prenotazione?

Anna: A nome di Anna.

Cameriere: Bene, signora Anna. La sua prenotazione per due persone alle otto di sera è confermata. Ci vediamo stasera. Buona giornata!

Anna: Grazie mille, a stasera!

Cena al ristorante

Anna e Laura si incontrano al ristorante Osteria del Mare. Anna ha prenotato un tavolo per due.

Anna: Ciao, Laura! Come stai?

Laura: Ciao, Anna! Sto bene, grazie. E tu?

Anna: Bene, grazie! Sono felice che possiamo mangiare insieme stasera.

Laura: Sono d'accordo. Hai visto il menù?

Anna: Sì, l'ho visto. Ci sono molti piatti invitanti. Cosa prendi?

Laura: Gli antipasti sembrano deliziosi. Forse prendo il carpaccio.

Anna: Buona idea! Prendiamo insieme l'antipasto.

Laura: Come piatto principale, prendo il risotto ai frutti di mare.

Anna: Ah, buonissimo! Prendo la pasta al pomodoro. E da bere?

Laura: Prendo un bicchiere di vino bianco. E tu?

Anna: Anch'io prendo un bicchiere di vino bianco. E voglio anche dell'acqua frizzante.

Laura: Invece di prendere due bicchieri, perché non ordiniamo una bottiglia di vino? Così è più comodo.

Anna: Sì, va bene!

Laura: Perfetto. Siamo pronte per ordinare?

Anna: Sì! Ordiniamo!

Cameriere: Benvenute! Cosa desiderano?

Anna: Per favore, un piatto di carpaccio, un risotto ai frutti di mare e una pasta al pomodoro. Un bottiglia di vino bianco e dell'acqua frizzante.

Cameriere: Perfetto. Arrivo subito con le bevande.

Laura: Che bella serata! Non vedo l'ora di mangiare.

Anna: Sì, anch'io. È sempre bello passare del tempo insieme.

Ordinare il gelato

Dopo cena, Laura e Anna vogliono un gelato. Ci sono tanti gusti alla gelateria.

Laura: Un gelato dopo cena è sempre una buona idea!

Anna: Sì, hai ragione! Che gusto prendi? Io voglio limone o fragola.

Laura: Io prendo cioccolato e pistacchio. Cono o coppetta?

Anna: Prendo il cono. Mi piace il croccante!

Laura: Io prendo la coppetta. Così non gocciola!

Le due amiche ordinano.

Gelataio: Buona sera! Cono o coppetta?

Anna: Cono, per favore. Con limone e fragola.

Laura: Per me una coppetta con cioccolato e nocciola.

Il gelataio prepara i gelati.

Gelataio: Sono 5 euro, per favore.

Anna: Va bene. Posso pagare con la carta?

Gelataio: Purtroppo oggi il POS non funziona. Si può pagare solo in contanti.

Anna: Capisco. Ecco a lei i soldi.

Laura: Grazie! Andiamo a mangiare il gelato sulla panchina.

Anna: Sì, è una buona idea!

Le due amiche si siedono e mangiano il gelato, parlando felici.

Passeggiata nel parco

Anna e Laura si incontrano nel parco per fare una passeggiata a mezzogiorno.

Anna: Ciao Laura! Che ne dici di andare a fare una passeggiata insieme?

Laura: Ciao Anna! Sì, mi piace molto camminare nel parco. Oggi è una bella giornata soleggiata.

Anna: Sì, c'è tanto sole e l'aria è fresca. È perfetta per una passeggiata!

Laura: Sì, davvero! Guarda gli alberi! Sono così alti e verdi. E ci sono anche tanti fiori colorati.

Anna: È vero! Il parco è bellissimo. Camminiamo un po' per vedere di più.

Le due amiche camminano insieme nel parco, godendosi la bellezza della natura.

Laura: Sono stanca. Voglio sedermi sulla panchina per rilassarmi un po'.

Anna: Anch'io! Quella panchina sotto l'albero è perfetta. Sediamoci là!

Le due amiche si siedono sulla panchina, respirando l'aria fresca e guardando il panorama.

Laura: Come va la tua giornata?

Anna: Va bene, grazie. Oggi è stata una giornata tranquilla. E la tua?

Laura: Anche la mia. È bello rilassarsi un po'.

Anna: Sì, hai ragione. Mi piace molto stare all'aria aperta.

Laura: Anche a me. Poi possiamo camminare ancora un po' se ti va.

Anna: Perfetto, andiamo!

Passeggiata sul lungomare

Anna e Laura si incontrano per fare una passeggiata sul lungomare.

Anna: Ciao Laura! Oggi è una bella giornata, andiamo a fare una passeggiata sul lungomare?

Laura: Sì, mi piacerebbe molto! Il lungomare è il posto perfetto per una passeggiata. E poi, il mare è così bello oggi.

Anna: Hai ragione. Guarda le onde. Il mare è davvero splendido.

Laura: Sì, è vero! E guarda i gabbiani che volano sopra la spiaggia. Mi piacciono i gabbiani!

Anna: Anche a me piacciono i gabbiani. E guarda quante persone ci sono sulla spiaggia. Alcune prendono il sole, altre fanno il bagno nel mare.

Laura: Sì, la spiaggia è affollata. Ma non è troppo caldo, c'è una bella brezza fresca dal mare.

Anna: È vero. Il mare è davvero rilassante. L'acqua è così blu e infinita.

Laura: Sì, sembra non finire mai. E guarda le barche In lontananza, sono molto belle. Mi piace vedere le barche sull'acqua.

Anna: Anche a me. È una vista incredibile. Passeggiare sul lungomare mi fa sentire così tranquilla.

Le due amiche continuano a passeggiare sul lungomare, godendosi la vista e il fresco.

Laura: Che caldo, però! Ma c'è anche una bella frescura vicino al mare. Vedi quel bar vicino al mare? Perché non ci sediamo a prendere un aperitivo?

Anna: Mi sembra un'ottima idea! Voglio prendere un Aperol spritz. E tu?

Laura: È buono ma io preferisco lo Spritz Campari. È perfetto per questo caldo.

Le due amiche arrivano al bar e si siedono al tavolo.

Anna: Questo posto è meraviglioso! La vista sul mare è fantastica.

Laura: Sì, è perfetto per rilassarsi. C'è molta tranquillità qui. Il bar è proprio vicino al mare.

Anna: Mi piace la tranquillità del mare. Dopo la passeggiata, possiamo prendere un altro bicchiere di spritz e continuare a goderci la vista.

Laura: Ottima idea! Beviamo il nostro spritz e rilassiamoci un po'. La giornata è davvero bella.

Partecipare a un concerto locale

Anna e i suoi vicini, Maria, Laura e Marco, vanno al concerto nel parco. È un concerto d'opera, parte del programma estivo della città.

L'opera è una tradizione importante in Italia. Durante l'estate, in molte città si tengono concerti all'aperto. Ci sono anche cinema all'aperto dove si possono vedere film. Inoltre, ci sono festival medievali con giocolieri e danzatori. In alcune città, ci sono mercati di cibo e oggetti artigianali. Le città diventano vive e colorate, con tante attività per tutti.

Anna: Ciao a tutti! Siete pronti per il concerto?

Maria: Sì, sono molto felice! Adoro la musica dal vivo.

Laura: Anch'io! Mi piace molto ascoltare l'opera.

Marco: È la prima volta che vado a un concerto di opera. Spero che mi piaccia!

Anna: Sono sicura che ti piacerà. L'opera è bellissima. La musica è forte e i cantanti sono fantastici.

Arrivano al parco e si siedono su una panchina. Nel parco c'è molta gente che sta godendo della musica sotto il cielo sereno della sera. L'orchestra sta suonando e le persone stanno arrivando per il concerto.

Maria: Guarda, l'orchestra sta iniziando! Mi piace molto la musica classica.

Laura: Sì, la musica classica è molto bella. E poi, ascoltate i cantanti d'opera! Hanno voci forti e potenti.

Marco: Wow, che spettacolo! Non avevo mai visto un concerto di opera dal vivo.

Anna: Sì, è davvero un bel concerto. La musica e i cantanti sono magnifici. Mi piace molto ascoltare la musica dal vivo. E a voi?

Maria: Anche a me piace il concerto! È molto emozionante.

Laura: È così bello sentire la musica e guardare lo spettacolo insieme.

Marco: Devo ammettere che mi piace l'opera! È un'esperienza unica.

Dopo un po', Anna e i suoi vicini si alzano e si dirigono verso la zona dove si trova il cibo e le bevande.

Anna: Che ne dite, andiamo a prendere qualcosa da bere? Magari del vino!

Maria: Ottima idea! Del vino dopo il concerto è perfetto.

Laura: Sì, mi piace l'idea. Andiamo!

In enoteca

Anna, Laura e Marco arrivano all'enoteca. Il bar è piccolo e accogliente, con luci soffuse e tavoli di legno. Sulle pareti ci sono bottiglie di vino. Si sente una musica tranquilla in sottofondo. Si siedono a un tavolo vicino alla finestra, da dove vedono la strada. Il cameriere arriva al tavolo.

Cameriere: Buonasera! Cosa desiderate?

Marco: Per me un bicchiere di vino rosso, grazie.

Laura: Io prendo del vino bianco.

Anna: Anche per me del vino bianco, grazie.

Il cameriere porta i vini. Anna, Laura e Marco parlano del lavoro e della famiglia.

Laura: Questo vino è delizioso!

Marco: Sì, molto buono.

Finiscono i loro bicchieri e chiedono il conto.

Anna: Dividiamo il conto?

Marco: Sì, è meglio.

Pagano e tornano a casa contenti. È stata una bella serata!

Partecipare a un festival medievale

Anna va al festival medievale in città con i suoi vicini. Maria e Antonio sono venuti con i bambini, e Laura e Marco sono anche lì.

Anna: Che bella giornata per il festival! Sei pronta?

Maria: Sì, i bambini sono molto emozionati!

Arrivano alla piazza principale, dove il festival è in pieno svolgimento. Ci sono colori dappertutto: le bancarelle sono piene di stoffe medievali, e molti venditori sono vestiti con abiti del passato. C'è una grande folla di persone che camminano tra le bancarelle e guardano gli spettacoli.

Laura: Guarda! Ci sono giocolieri con le torce infuocate!

Marco: È fantastico! Mi piace vedere gli spettacoli di fuoco.

Ci sono anche molti banchetti che vendono cibo e bevande. Anna sente l'odore di cibi tipici come pane, formaggio e carne alla griglia.

Anna: Che fame! Voglio provare un po' di cibo medievale.

Maria: Anch'io! Magari un po' di pane con il formaggio.

Poi, arriva il corteo un gruppo di cavalieri a cavallo, vestiti con costumi medievali, attraversa lentamente la piazza. Ci sono anche danzatori che ballano al ritmo della musica medievale. Il suono dei tamburi e degli strumenti riempie l'aria.

Antonio: Guarda quel corteo! È magnifico.

Laura: Sì, è bellissimo. La musica rende tutto più speciale.

I bambini guardano con attenzione. Alcune persone si fermano per scattare foto. Alcuni venditori vendono spade di legno e altri souvenir.

Anna: Questa è davvero una bella atmosfera. Mi piace vedere tanta gente che partecipa.

Maria: È molto divertente. C'è tanto da vedere e da fare.

Dopo aver visto il corteo, decidono di fermarsi a uno stand per comprare un po' di cibo e godersi lo spettacolo.

Visita a una galleria d'arte

Anna, Laura, and Marco decidono di visitare alcune gallerie d'arte locali. C'è un'esposizione di arte moderna in città, e vogliono vedere i dipinti e le sculture.

Anna: Guardate questi dipinti! Sono davvero belli.

Laura: Sì, mi piacciono molto questi dipinti. Mi piace l'arte moderna. E a te, Marco?

Marco: Mi piacciono le sculture. Sono molto interessanti.

Entrano in un'altra galleria. Ci sono molti dipinti sulle pareti e anche alcune sculture in un angolo. Si fermano a guardare un grande dipinto.

Anna: Questo dipinto è enorme! Mi piace molto, è molto interessante.

Laura: Sì, è davvero bello. I colori sono molto vivaci.

Marco: L'artista ha fatto un buon lavoro. È un'opera molto interessante.

Poi, entrano in una galleria più piccola, ma i dipinti sono molto diversi. Sono più tradizionali.

Anna: Questa arte è diversa, ma è comunque molto bella.

Laura: A me invece non piace molto, preferisco l'arte moderna.

Marco: Ogni galleria ha uno stile diverso, ma tutte sono interessanti.

Dopo aver visitato tutte le gallerie, si siedono per un caffè e parlano dell'arte che hanno visto.

Anna: Mi è piaciuta molto questa mostra. Voglio tornare a vedere altre gallerie.

Laura: Anche a me! È stato un pomeriggio molto interessante.

Marco: Sì, sono d'accordo con te. L'arte è uno dei miei passatempi preferiti.

Una giornata in spiaggia

Anna, Laura e Marco decidono di passare una giornata in spiaggia. Il tempo è perfetto, e il sole splende nel cielo azzurro. Arrivano alla spiaggia e trovano un posto sotto un ombrellone.

Anna: Che bello! È una giornata ideale per prendere il sole e fare il bagno.

Laura: Sì, non vedo l'ora di nuotare nel mare!

I tre amici si sistemano con gli asciugamani sulla sabbia. Anna si mette la crema solare, mentre Marco e Laura si preparano per entrare in acqua.

Marco: Andiamo a fare un giro in kayak, che ne pensate?

Anna: Che bella idea! Ma non abbiamo un kayak.

Marco: Possiamo noleggiarlo qui vicino.

Laura: Mi sembra un'ottima idea! Ma io preferisco provare il paddle.

Marco e Anna vanno in kayak, mentre Laura prende la tavola da paddle. Si divertono molto a fare il giro della baia, ridendo e scherzando. Ogni tanto si fermano per fare una pausa e chiacchierare.

Anna: È così rilassante qui, mi piacerebbe restare tutto il giorno.

Laura: Anche a me! Le onde sono perfette per nuotare. Dopo, voglio giocare con il pallone.

Dopo un po', tornano alla spiaggia, e decidono di giocare con il pallone nell'acqua. Marco lancia il pallone a Laura, che cerca di prenderlo, ma finisce in mare.

Marco: Attenzione! Il pallone sta andando da quella parte!

Tutti cercano di prenderlo e si bagnano nel tentativo.

Laura: Che divertente! Oggi mi sento come una bambina!

Più tardi, si rilassano sulla sabbia. Marco si distende per prendere il sole, mentre Anna e Laura chiacchierano e si godono il caldo.

Anna: Devo dire che è stato un ottimo modo per passare la giornata. Non vedo l'ora di farlo di nuovo.

Laura: Sì, è stato fantastico. La prossima volta potremmo noleggiare un pedalò!

Quando il sole comincia a calare, i tre amici si preparano a tornare a casa, felici della giornata trascorsa insieme.

Una giornata in barca

Anna, Laura e Marco decidono di noleggiare una barca per esplorare il mare. Arrivano al porto al mattino presto. Il sole sta sorgendo e l'aria è fresca.

Anna: Che bella giornata! Il mare è calmo. È perfetto per una gita in barca.

Laura: Sì! Abbiamo tutto? I giubbotti di salvataggio, il pranzo e i costumi da bagno?

Marco: Sì, siamo pronti. Andiamo!

Salgono in barca e si allontanano dal porto. Vanno lungo la costa e ammirano le scogliere, le spiagge piccole e le case sulle colline.

Laura: Guardate quell'isola! È piccola e bella. Possiamo fermarci?

Anna: Sì, fermiamoci qui.

Marco ferma la barca e tutti si preparano per nuotare.

Marco: Io vado per primo! L'acqua è limpida, vedo i pesci!

Anna: Anch'io voglio nuotare. È il momento giusto per rilassarsi.

Nuotano nell'acqua fresca. Il mare è calmo, e il sole è caldo.

Dopo un po', tornano sulla barca e mangiano il pranzo.

Laura: Abbiamo panini, frutta e bevande. È tutto buono!

Anna: Mangiare qui è fantastico, con la vista sul mare.

Dopo pranzo, continuano a esplorare. Vedono delle grotte e una piccola baia con barche a vela.

Marco: Questa è una bellissima giornata. Mi sento libero!

Quando il sole comincia a tramontare, tornano al porto. Il cielo è arancione e rosa. Sono stanchi ma felici.

Anna: Grazie per questa splendida giornata. Dobbiamo farlo di nuovo!

Laura: Sì, la prossima volta esploreremo un'altra baia o prenderemo un pedalò!

Un giro in traghetto

Anna e Laura decidono di prendere il traghetto per visitare una città e un'isola. Sono al porto, pronte per partire.

Anna: Oggi è una bella giornata per il traghetto. Hai il biglietto?

Laura: Non ancora, lo compro online.

Anna: Quanto costa?

Laura: Sette euro e cinquanta. Il traghetto parte tra poco?

Anna: Parte alle 10:30. Abbiamo tempo per fare un giro prima.

Arrivano al molo dove il traghetto è pronto per partire. La vista del mare e delle città è molto bella.

Laura: Guarda che bella vista sul porto e sulle case colorate.

Anna: Sì, è bellissimo. Voglio fare delle foto!

Salgono sul traghetto e il viaggio comincia. Durante il viaggio, Anna e Laura guardano il panorama e parlano delle città che vedranno.

Anna: La guida dice che faremo una sosta in una città sul mare. Poi andremo sull'isola.

Laura: Sì, non vedo l'ora di vedere l'isola! So che c'è una bella spiaggia.

Dopo una breve fermata nella città, il traghetto va verso l'isola. Quando arrivano, scendono dal traghetto e camminano vicino al mare.

Anna: È tranquillo qui! Non ci sono tante persone.

Laura: Sì, è perfetto per riposare. Guarda quelle piccole barche.

Passano un po' di tempo sull'isola, poi prendono il traghetto per tornare al porto.

Laura: È stato un viaggio molto bello. Vorrei farlo di nuovo!

Anna: Sì, è stato perfetto per rilassarci e vedere nuovi posti.

Si siedono e guardano il mare mentre tornano.

Un viaggio in macchina lungo la costa

Anna e Laura decidono di fare un viaggio in macchina lungo la costa. Vivono in una città di mare e sono felici di esplorare la costa. Vogliono vedere il paesaggio, fare foto e rilassarsi sulla spiaggia.

Anna: Ciao, Laura! Sei pronta per la gita?

Laura: Ciao, Anna! Sì, sono pronta! Dove andiamo?

Anna: Voglio guidare lungo la costa. Ho sentito che c'è un bel posto per vedere il panorama. Poi possiamo passeggiare sulla spiaggia.

Laura: Che bella idea! Voglio vedere il mare e fare foto. Cosa facciamo dopo?

Anna: Prima fermiamoci a vedere il panorama, poi possiamo mangiare in un ristorante sul mare.

Laura: Mi piace! E se andiamo anche a fare shopping sulla spiaggia?

Anna: Perfetto! Se siamo fortunati, vedremo qualche barca.

Laura: Oh, sarebbe bellissimo! Voglio fotografare alle barche e alle onde.

Anna: Ok, andiamo. La strada costiera è molto bella, vedi? Sarà una giornata rilassante.

Mentre guidano, Anna e Laura guardano il paesaggio.

Anna: Guarda, Laura! Le scogliere sono bellissime! E il mare è così blu.

Laura: Sì, questa parte della costa è famosa per le scogliere. E c'è anche il mare trasparente. Voglio vedere le grotte marine un giorno.

Anna: Le grotte marine? Dev'essere bello entrare con una barca!

Laura: Sì, ma oggi voglio solo godermi la vista e rilassarmi sulla sabbia.

Arrivano al punto panoramico.

Anna: Wow, che bella vista! Si vedono le montagne e il mare!

Laura: Ti piace? Questo è uno dei miei posti preferiti. Facciamo una foto?

Anna: Certo, facciamo una foto insieme!

Dopo le foto, continuano il viaggio verso la spiaggia.

Anna: Andiamo a passeggiare sulla sabbia. Ti va?

Laura: Sì, mi piace camminare sulla sabbia morbida.

Dopo un po' di cammino.

Anna: Che bella giornata! Ti è piaciuta?

Laura: È stata perfetta! Mi sento tranquilla. Grazie per avermi portata qui.

Anna: È stato un piacere. Possiamo tornare ogni volta che vuoi!

Sulla via del ritorno.

Anna: Prima di tornare a casa, fermiamoci a fare il pieno di benzina.

Laura: Ok, va bene. La macchina ha ancora un po' di benzina, ma è meglio non rischiare.

Anna: Siamo quasi arrivate alla stazione di servizio. Mettiamo la benzina e poi torniamo a casa.

Laura: È stata una giornata bellissima. Non vedo l'ora di farne un'altra!

Un viaggio tra i vini

Anna decide di visitare una cantina locale per scoprire di più sul vino italiano. Arriva nel pomeriggio e viene accolta da un sommelier.

Sommelier: Benvenuta alla nostra cantina! Oggi faremo una degustazione di vini. Inizieremo con il vino bianco, poi passeremo al vino rosso e al vino rosato. Volete provare tutti e tre i tipi di vino?

Anna: Mi piacerebbe assaggiare il vino bianco e il vino rosso, per favore.

La degustazione inizia. Il sommelier le dà un bicchiere di vino bianco e uno di vino rosso.

Sommelier: Il vino bianco è fatto con uva Vermentino, mentre il vino rosso è fatto con uva Sangiovese, tipica di questa regione.

Anna assapora il vino bianco. È fresco e fruttato, con un sapore leggero.

Anna: Questo vino bianco è molto buono! È leggero e rinfrescante.

Poi, prova il vino rosso. È corposo e ha un sapore ricco.

Anna: Il vino rosso è delizioso! È intenso e robusto, ma preferisco il bianco.

Il sommelier le racconta della storia del vigneto e come coltivano le uve. Anna guarda fuori dalla cantina e vede i vigneti che si estendono sulle colline.

Sommelier: Qui abbiamo circa dieci ettari di vigneto. L'uva è raccolta a mano per garantire la qualità.

Dopo la degustazione, Anna decide di comprare una bottiglia di vino bianco. Il sommelier le consiglia una bottiglia che è stata molto apprezzata durante la degustazione.

Anna: Questa bottiglia di vino bianco sembra perfetta. Quanto costa?

Sommelier: Costa quindici euro. Se ne compra due, facciamo uno sconto del dieci percento.

Anna: Perfetto! Comprerò due bottiglie.

Anna paga alla cassa e riceve la sua bottiglia di vino in una scatola.

Anna: Grazie mille! Sono felice di aver visitato la cantina. Tornerò sicuramente.

Sommelier: È stato un piacere! Arrivederci!

Anna esce dalla cantina con il suo vino, pronta a portarlo a casa e goderselo con un buon pasto.

L'olio d'oliva

Anna visita un produttore di olio d'oliva locale. Vuole scoprire come si produce l'olio e comprare una bottiglia. Arriva al frantoio. È in una zona tranquilla con tanti alberi di olivo.

Produttore: Benvenuta! Oggi ti faccio vedere come facciamo il nostro olio d'oliva. Vuoi assaggiare?

Anna: Sì, grazie! Mi piacerebbe assaggiare il vostro olio.

Il produttore mostra come si raccolgono le olive. Le olive fresche arrivano al frantoio, poi una macchina le schiaccia e fa l'olio.

Produttore: Usiamo solo olive biologiche. Le spremiamo subito dopo la raccolta.

Anna assaggia l'olio extra vergine. È delicato e ha un sapore fruttato.

Anna: È molto buono! Mi piace tanto.

Il produttore offre un altro olio con un sapore più forte.

Anna: Anche questo è buonissimo! Quanto costa una bottiglia?

Produttore: Una bottiglia costa venti euro. Se ne compri due, c'è uno sconto.

Anna: Perfetto, prendo due bottiglie!

Anna compra due bottiglie. È felice di portare a casa un prodotto locale.

Produttore: Se ti piace il nostro olio, visita un altro oliveto qui vicino. È un bel posto con olive diverse.

Anna: Grazie per il consiglio! Ci andrò sicuramente.

Anna lascia il frantoio con le sue bottiglie. Vuole usare l'olio nelle sue ricette italiane.

Una lezione di cucina

Anna è entusiasta di partecipare a un corso di cucina per imparare a preparare piatti tipici italiani. Arriva in cucina e il cuoco la accoglie insieme agli altri partecipanti.

Cuoco: Benvenuti! Oggi prepareremo la focaccia, la bruschetta, il pesto e la pasta fresca. Iniziamo con la focaccia!

Il cuoco spiega come preparare l'impasto della focaccia. Anna mescola farina, acqua, olio d'oliva, lievito e sale. Poi, stende l'impasto sulla teglia.

Cuoco: L'impasto deve lievitare per un'ora. Intanto, prepariamo gli altri piatti.

Anna e gli altri partecipanti preparano la bruschetta. Tagliano i pomodori e li mescolano con basilico, aglio e olio d'oliva. Anna assaggia e sorride.

Anna: Che profumo! È semplice, ma delizioso.

Poi, preparano il pesto. Il cuoco mostra come mescolare basilico, pinoli, aglio, olio d'oliva e formaggio grattugiato nel mortaio. Anna pesta gli ingredienti.

Cuoco: Il pesto deve essere liscio e cremoso. È importante usare ingredienti freschi.

Infine, preparano la pasta fresca. Anna mescola farina e uova, e fa l'impasto. Poi, stende la pasta con il mattarello e la taglia a strisce per fare le fettuccine.

Anna: Mi piace fare la pasta fresca. È un po' difficile, ma è divertente!

Quando tutti i piatti sono pronti, il cuoco li mette nel forno o sulla griglia. Mentre la focaccia cuoce, Anna assaggia la pasta al pesto e la bruschetta.

Cuoco: Ecco i piatti pronti! La focaccia è finita e la pasta con il pesto è deliziosa.

Anna assapora i piatti, contenta di aver imparato tante ricette italiane. Si sente pronta a cucinarle a casa.

Anna: Tutto è così buono! Non vedo l'ora di rifare questi piatti a casa.

Alla fine del corso, Anna compra alcuni ingredienti freschi dal mercato. È felice di tornare a casa e cucinare per i suoi amici.

Un fine settimana con un'amica

Anna è molto felice perché la sua amica Gina viene a trovarla per il fine settimana. Gina arriva venerdì sera e Anna la accoglie con un grande sorriso. Dopo un abbraccio, Anna la porta a casa.

Anna: Sono così felice che tu sia venuta! Ti faccio vedere la casa.

Anna mostra a Gina la casa, stanza per stanza. Prima la porta in cucina.

Anna: Questa è la cucina. È piccola ma molto accogliente. C'è il forno, il frigorifero e... il mio caffè preferito!

Gina: Mi piace molto! La cucina è perfetta per fare una colazione insieme.

Poi, Anna le mostra il soggiorno.

Anna: Ecco il soggiorno. Mi piace passare il tempo qui, guardando la TV o leggendo.

Gina: È davvero comodo. Il divano è molto bello!

Poi vanno a vedere le camere da letto.

Anna: Questa è la mia camera da letto. E quella accanto è tua, per il fine settimana!

Gina: È perfetta, grazie!

Il sabato, Anna decide di fare un giro in spiaggia con Gina. Si preparano e vanno a piedi verso il mare.

Anna: Oggi voglio farti vedere la spiaggia. È bellissima, e possiamo fare il bagno!

Gina: Mi piace nuotare! Quanto è lontano il mare?

Anna: È vicino, ci vogliono solo dieci minuti a piedi.

Alla spiaggia, Anna e Gina si divertono a nuotare nel mare. Gina si gode il sole e l'acqua calda.

Gina: Questa spiaggia è fantastica! L'acqua è calda e il sole è perfetto.

Anna: Sì, è il mio posto preferito per rilassarmi.

Dopo il bagno, vanno a fare una passeggiata sul lungomare.

Anna: Qui ci sono tanti negozi locali. Vuoi fare un po' di shopping?

Gina: Sì, adoro fare shopping! Voglio comprare qualcosa di speciale.

Anna e Gina entrano in un negozio di souvenir e comprano dei regali per i loro amici. Dopo, si fermano in un bar per un caffè.

Anna: Adesso possiamo prendere un caffè e mangiare qualcosa.

Gina: Sì, mi piacerebbe tanto un gelato!

Dopo una giornata di sole, mare, shopping e gelato, Anna e Gina vanno a cena in un ristorante locale.

Anna: Questo ristorante è famoso per la sua pasta. Voglio che provi il mio piatto preferito!

Gina: Perfetto, sono curiosa di assaggiarlo!

La cena è deliziosa e tutte e due parlano e si rilassano. Dopo cena, Anna e Gina tornano a casa per riposare.

Gina: È stata una giornata bellissima! Mi piace molto questa città.

Anna: Sono felice che ti piaccia! Domani faremo ancora qualcosa di bello.

Il giorno dopo, continuano la visita facendo un giro in spiaggia e fermandosi per un altro gelato. Quando arriva la domenica, Anna è triste perché il fine settimana con la sua amica è finito.

Anna: È stato un fine settimana fantastico! Spero che tornerai presto.

Gina: Mi sono divertita tanto, grazie per avermi fatto vedere tutto. Tornerò sicuramente!

Si abbracciano, e Gina prende il treno per tornare a casa, mentre Anna resta a pensare a quanto è stato bello avere la sua amica in visita.

~ CAPITOLO 6 ~

Mantenere la casa

Gestire la casa con i servizi locali.

Lavare il bucato

Anna sta facendo il bucato. Prende il cesto del bucato e porta i panni nella lavanderia, vicino al bagno.

Anna: Oggi devo lavare i bianchi, i colorati e i panni scuri. Li farò uno alla volta.

Prima, per i panni bianchi, Anna usa il detersivo specifico per i bianchi, che contiene anche la candeggina.

Mette il detersivo nella lavatrice e aggiunge un po' di ammorbidente per rendere i panni morbidi.

Anna: Ok, ora avvio il ciclo per i bianchi.

Quando il ciclo finisce, Anna toglie i panni bianchi dalla lavatrice.

Anna: Ora stendo i bianchi al sole. Devono asciugarsi velocemente.

Mentre i panni bianchi asciugano al sole, Anna mette i panni colorati nella lavatrice.

Anna: Ora lavo i panni colorati, usando il detersivo per i colorati.

Quando il ciclo finisce, Anna toglie i panni colorati e li stende all'ombra, così non si scoloriscono al sole.

Infine, Anna mette i panni scuri nella lavatrice.

Quando tutti i cicli sono finiti, Anna stende tutti i panni.

Anna: Devo stendere i bianchi al sole per farli asciugare più velocemente, mentre i panni colorati e scuri li stendo all'ombra, per non farli sbiadire.

Quando i panni sono asciutti, Anna li piega.

Anna: Perfetto, il bucato è finito!

La donna delle pulizie

Anna ha una donna delle pulizie, che si chiama Carla. Oggi Carla viene a casa di Anna.

Anna: Ciao, Carla! Come stai?

Carla: Ciao, Anna! Sto bene, grazie. E tu?

Anna: Bene, grazie. Oggi vorrei che tu pulissi tutta la casa. Per favore, pulisci la cucina, il soggiorno e il bagno.

Carla: Va bene! Cosa faccio prima?

Anna: Prima, pulisci il pavimento del soggiorno e del corridoio. Poi, spolvera i mobili e lava le finestre.

Carla: Ok! E il bagno?

Anna: Il bagno è sporco. Puliscilo il bagno, per favore.

Carla: Sì, lo farò. E la cucina?

Anna: Nella cucina, lava i piatti, pulisci il tavolo e lava il pavimento. Puoi anche lavare i vestiti.

Carla: Va bene. E il divano?

Anna: Sì, metti in ordine il divano. E sistema il letto, per favore.

Carla: Ok. Lo farò.

Anna: Grazie! Puoi anche usare la lavatrice per il bucato.

Carla: Va bene.

Anna: Perfetto. Grazie, Carla!

Il giardino perfetto

Anna sta lavorando nel suo nuovo giardino e sta piantando dei pomodori.

Maria: Anna! I pomodori non vanno lì!

Anna guarda in su. Maria è nel suo giardino con una cassa di pomodori.

Anna: No? Perché?

Maria: Quel posto è troppo all'ombra. I pomodori hanno bisogno di tanto sole.

Marco passa davanti al cancello.

Marco: Pomodori nuovi? Devi metterli vicino al muro sud. E hai bisogno delle canne di bambù.

Anna: Le canne?

Marco: Sì, per sostenere le piante. Ne ho troppe. Te ne porto alcune!

Laura si affaccia dal suo giardino.

Laura: Ho sentito parlare di pomodori? Anna, hai preso i San Marzano?

Anna: No... ho preso quelli del supermercato.

Maria: Del supermercato? No, no! Ti do alcune piantine delle mie. Sono un'antica varietà di famiglia!

Antonio: E devi piantare del basilico vicino ai pomodori. È un segreto di mio nonno!

Dopo un'ora, Anna ha ricevuto delle piantine di pomodori da Maria, delle canne di bambù da Marco, dei semi di basilico da Antonio, e un libro di giardinaggio da Laura.

Anna: Grazie a tutti! Ma chi vuole i pomodori quando saranno maturi?

Maria: Vediamo se crescono bene prima, e poi ci penseremo!

Laura: E poi faremo una grande cena tutti insieme!

Marco: Con la mia salsa di pomodoro segreta!

Anna: Ah, ora capisco… il giardino non è solo per le verdure!

Maria: Esatto! È per stare insieme!

Il giardiniere

Anna ha bisogno di un giardiniere per il suo giardino. Oggi, lui viene per vedere il giardino.

Anna: Ciao, sono contenta che tu sia venuto. Voglio sistemare un po' il giardino.

Giardiniere: Bene, cosa vuoi fare?

Anna: Prima di tutto, voglio installare un impianto di irrigazione. La zona vicino alla casa è secca e voglio che le piante siano annaffiate.

Giardiniere: Perfetto, posso farlo. Poi?

Anna: I cespugli sono troppo grandi. Devi tagliarli. Anche il prato deve essere tagliato.

Giardiniere: Va bene. E per le erbacce?

Anna: Sì, rimuovi le erbacce vicino al muro.

Giardiniere: D'accordo. Cosa vuoi piantare?

Anna: Voglio piantare dei fiori, e anche alcune piante di pomodoro e basilico.

Giardiniere: Molto bene! Piantiamo fiori da quella parte. Pomodoro e basilico lì.

Anna: Perfetto! Grazie!

Giardiniere: Di niente! Iniziamo!

Un elettricista a casa

Anna ha comprato delle nuove lampade per la casa, ma ha bisogno di un elettricista per installarle. Decide di inviare un messaggio a un elettricista locale.

Anna: Buongiorno! Mi chiamo Anna. Ho comprato alcune lampade nuove e avrei bisogno di un elettricista per installarle. È disponibile questa settimana?

Elettricista: Buongiorno! Sì, sono disponibile. Posso venire mercoledì alle 10:00. Va bene?

Anna: Perfetto, grazie! A mercoledì.

Mercoledì mattina, l'elettricista arriva puntuale a casa di Anna.

Elettricista: Buongiorno, Anna! Sono qui per installare le lampade.

Anna: Grazie mille! Ecco le lampade che ho comprato. Vorrei metterne una sopra il tavolo della cucina, e un'altra nella camera da letto, vicino al letto.

Elettricista: Perfetto! E per l'interruttore? Vuole che lo colleghi a quello sul muro, o preferisce un altro posto?

Anna: Sì, va bene così. E, se possibile, vorrei anche aggiungere una presa vicino al divano, per il mio computer.

Elettricista: Certo, posso farlo. Sarà un lavoro facile e veloce.

L'elettricista inizia a lavorare. Dopo un po', finisce il lavoro.

Elettricista: Ecco fatto! Tutto è installato: le lampade sono al loro posto e la nuova presa è pronta.

Anna: Perfetto, grazie mille! È esattamente quello che volevo. La luce è davvero bella.

Elettricista: Prego! Se ha bisogno di altro, mi contatti pure.

Anna: Sicuramente! Grazie ancora. Arrivederci!

Elettricista: Arrivederci, Anna!

Assumere un imbianchino

Anna ha appena comprato della vernice per dipingere l'interno della casa. Vuole un professionista per fare il lavoro. Invia un messaggio su WhatsApp a un imbianchino.

Anna: Buongiorno! Mi chiamo Anna. Ho bisogno di un imbianchino per dipingere le pareti della mia casa. È disponibile questa settimana?

Imbianchino: Buongiorno, Anna. Sì, sono disponibile. Possiamo fissare un appuntamento per venerdì alle nove. Va bene per lei?

Anna: Perfetto, grazie! A venerdì.

Venerdì mattina l'imbianchino arriva puntuale e Anna lo accoglie.

Imbianchino: Buongiorno, Anna! Sono qui per dipingere la casa.

Anna: Buongiorno! Grazie per essere venuto. Le faccio fare un giro della casa per mostrarle i colori e le stanze.

Imbianchino: Va bene.

Anna lo porta nel soggiorno.

Anna: Vorrei che questa parete in soggiorno fosse dipinta di un colore azzurro chiaro. La vernice è pronta qui.

Imbianchino: Capito, un colore azzurro chiaro per il soggiorno. E la cucina?

Anna lo porta in cucina.

Anna: Per la cucina ho scelto un giallo chiaro. Penso che darà un tocco fresco alla stanza.

Imbianchino: Perfetto, giallo chiaro per la cucina. E per la camera da letto?

Anna lo guida verso la camera da letto.

Anna: In camera da letto, mi piacerebbe un colore blu.

Imbianchino: Va bene, blu per la camera da letto. C'è qualcos'altro?

Anna: No, solo queste tre stanze. Azzurro chiaro per il soggiorno, giallo chiaro per la cucina e blu per la camera da letto.

Imbianchino: Perfetto. Inizio subito il lavoro!

Più tardi l'imbianchino completa il lavoro e chiama Anna per mostrarle le stanze.

Imbianchino: Ho finito! Azzurro chiaro in soggiorno, giallo chiaro in cucina e blu in camera da letto, come richiesto.

Anna: È fantastico, grazie mille! È proprio come me lo immaginavo.

Imbianchino: Sono contento che le piaccia. Se ha bisogno di altro, mi faccia sapere!

Anna: Grazie ancora. Arrivederci!

Imbianchino: Arrivederci, Anna!

Assumere un addetto alla piscina

Anna ha una piscina, quindi decide di assumere un addetto alla piscina per mantenerla pulita durante l'estate. Vuole un programma di pulizia regolare.

Addetto: Buongiorno, Anna! Come posso aiutarti con la piscina?

Anna: Buongiorno! Vorrei un programma di pulizia per la piscina. Pensavo a qualcosa di settimanale.

Addetto: Certo. Posso venire una volta alla settimana per pulire e controllare il filtro. Preferisci un giorno specifico?

Anna: Sì, il martedì mattina sarebbe perfetto.

Addetto: Va bene. Ogni martedì mattina controllerò la piscina, pulirò il filtro e mi assicurerò che l'acqua sia pulita.

Anna: Perfetto! E se c'è bisogno di una pulizia extra?

Addetto: In caso di necessità, possiamo programmare una visita aggiuntiva. Puoi chiamarmi e sono disponibile.

Anna: Ottimo, grazie. Mi piace questo accordo.

Addetto: Grazie a te! Ci vediamo martedì prossimo allora.

Anna: A presto, e grazie ancora per l'aiuto!

Chiamare l'idraulico

Anna nota una perdita in un tubo sotto il lavandino della cucina. Decide di chiamare un idraulico per risolvere il problema.

Anna telefona a un idraulico.

Anna: Pronto, buongiorno! Ho bisogno di un idraulico. C'è una perdita in un tubo sotto il lavandino della mia cucina.

Idraulico: Buongiorno! Capito, una perdita in cucina. È un'emergenza o possiamo fissare un appuntamento?

Anna: Non è grave, ma preferirei risolverla il prima possibile. Quando potrebbe venire?

Idraulico: Posso venire domani mattina alle dieci. Va bene?

Anna: Sì, perfetto. Grazie mille!

Idraulico: A domani, allora. Buona giornata!

Il giorno seguente l'idraulico arriva puntuale, e Anna gli mostra il lavandino in cucina.

Anna: La perdita è proprio qui, sotto il lavandino. Devo chiudere l'acqua?

Idraulico: No, non è necessario. Vediamo... sì, è il tubo principale dell'acqua per il lavandino. Posso ripararlo subito.

Anna: Oh, che sollievo! Grazie.

Idraulico: Nessun problema. Ci vogliono circa 20 minuti per ripararlo.

Anna: Perfetto, grazie ancora.

Dopo la riparazione, l'idraulico spiega ad Anna cosa ha fatto.

Idraulico: Ho finito! La perdita è sistemata e il tubo è in buone condizioni ora.

Anna: Fantastico, grazie mille. Mi ha salvata da un disastro!

Idraulico: È un piacere. Se ha altri problemi, non esiti a chiamarmi.

Anna: Sì! Quanto costa la riparazione?

Idraulico: Costa 50 euro.

Anna: Ecco 50 euro. Grazie e arrivederci!

Idraulico: Arrivederci, e buona giornata!

Problemi con le formiche

Anna ha un problema in cucina. Ci sono molte formiche! Decide di andare al negozio di giardinaggio per chiedere consiglio su come eliminarle.

Anna: Ciao, ho un problema con le formiche in cucina. Mi puoi aiutare?

Commesso: Ciao, certo! Le formiche sono un bel problema. Hai provato a usare un repellente o una trappola?

Anna: No, non ancora. Qual è il miglior rimedio?

Commesso: Ti consiglio di usare una trappola. Le formiche entrano nella trappola e non escono più. Puoi metterla vicino all'ingresso della cucina.

Anna: Ottimo! La prendo. E c'è qualcos'altro che posso fare?

Commesso: Sì, puoi anche spruzzare un repellente vicino alle finestre e alle porte. Questo aiuta a fermarle.

Anna: Grazie del consiglio! Lo proverò subito.

Commesso: Di niente! Spero che funzioni. Buona fortuna!

Affittare la seconda casa

Anna ha una seconda casa. Vuole affittarla per due settimane in estate. Ha bisogno di aiuto per gestire la casa, quindi decide di parlare con un gestore di case.

Anna: Ciao, mi chiamo Anna. Ho una seconda casa e voglio affittarla in estate. Puoi aiutarmi?

Gestore: Naturalmente. Noi gestiamo case in affitto. Facciamo le pulizie e diamo le chiavi agli affittuari.

Anna: Perfetto! Come funziona? Che servizi offrite?

Gestore: Offriamo vari servizi: parliamo con gli affittuari, puliamo la casa, facciamo le riparazioni, e gestiamo le chiavi. Prendiamo una percentuale sul prezzo.

Anna: Va bene. Come funziona il pagamento?

Gestore: Gli affittuari pagano con bonifico. Prima versano un deposito, poi pagano il resto quando arrivano.

Anna: Ok. Cosa devo fare ora?

Gestore: Dobbiamo decidere le date, il prezzo, firmare un contratto e controllare la casa.

Anna: Capisco. E se ci sono problemi con la casa?

Gestore: Se ci sono problemi, li risolviamo noi. Tu non devi preoccuparti. Ti informeremo.

Anna: Perfetto. Mi piace questa soluzione. Grazie!

Gestore: Prego! Ora facciamo il contratto e ti do tutte le informazioni.

~ CAPITOLO 7 ~

Prendersi cura della salute

Impara cosa fare in caso di malattia o emergenza in Italia.

In farmacia

Anna è rimasta troppo tempo al sole e si è scottata. La sua pelle è rossa e le fa male. Decide di andare alla farmacia locale per prendere qualcosa.

Anna: Buongiorno, ho una scottatura. Cosa posso mettere per farla migliorare?

Farmacista: Buongiorno! Per la scottatura, consiglio una crema con aloe vera. Aiuta a dare sollievo alla pelle.

Anna: Va bene, grazie. E per il dolore?

Farmacista: Può prendere questi antidolorifici. Sono leggeri e aiutano molto.

Anna: Perfetto. Quanto costa tutto?

Farmacista: La crema costa 10 euro e gli antidolorifici 8 euro.

Anna: Bene, li prendo. Grazie per l'aiuto!

Anna paga e torna a casa. Applica la crema sulla pelle e prende un antidolorifico. Dopo un po', si sente meglio.

Anna: Che sollievo! La prossima volta starò più attenta al sole.

Ritirare una ricetta

Anna entra in farmacia. Ha una ricetta che il medico le ha dato.

Anna: Buongiorno, devo ritirare una ricetta.

Farmacista: Certo. Ha il documento d'identità?

Anna: Sì, eccolo qui.

Anna consegna il documento e la ricetta al farmacista. Lui controlla il computer e prende le medicine dal bancone sul retro. Anna riceve le medicine in una busta.

Farmacista: Ecco le sue medicine. Deve prendere una compressa al giorno, preferibilmente dopo i pasti.

Anna: Va bene. Una compressa al giorno, giusto?

Farmacista: Sì, una compressa al giorno. Deve prenderla con un po' di acqua.

Anna: Perfetto, grazie.

Farmacista: Questo è lo scontrino. Ha bisogno di altro?

Anna: No, grazie mille. Buona giornata!

Farmacista: Buona giornata a lei!

Anna esce dalla farmacia con le sue medicine, pronta a seguire le istruzioni del medico.

La tessera sanitaria

Anna ha mal di gola. Va in farmacia.

Anna: Buongiorno, ho mal di gola. Cosa posso prendere?

Farmacista: Buongiorno! Può prendere delle caramelle per la gola. Ha una tessera sanitaria?

Anna: No, non ce l'ho. Sono straniera.

Farmacista: Capisco. Se ha bisogno di un medico, può andare alla guardia medica turistica.

Anna: Cos'è la guardia medica turistica?

Farmacista: È un posto dove può andare se ha un problema di salute. Non serve la tessera sanitaria, ma deve avere un'assicurazione.

Anna: Ah, capisco. E per i farmaci?

Farmacista: Può comprare i farmaci qui. Se è un'emergenza, può chiamare il 112.

Anna: Grazie! Quindi alla guardia medica posso trovare un medico?

Farmacista: Esattamente. La guardia medica è aperta tutti i giorni. Inoltre di notte o nei giorni festivi, c'è una farmacia aperta.

Anna: Perfetto, grazie!

Farmacista: Prego! E ricordi, quando compra i farmaci, conservi sempre lo scontrino.

La guardia medica

È sabato sera. Anna ha la febbre alta.

Anna chiama Maria.

Anna: Maria, scusa… dove trovo un dottore nel weekend?

Maria: Chiama la Guardia Medica! È il servizio medico per notti e festivi.

Anna: Hai il numero?

Maria: 116117. Ma aspetta, vengo ad aiutarti!

Dieci minuti dopo...

Maria: Pronto, buonasera. Una mia amica straniera ha la febbre molto alta.

Guardia Medica: Indirizzo?

Maria: Via Roma 15.

Guardia Medica: Ha la tessera sanitaria?

Maria: No, è una turista. Ha l'assicurazione sanitaria.

Guardia Medica: Arriviamo entro un'ora. Costa 25 euro per i non residenti.

Laura e Marco arrivano a casa di Anna.

Laura: Ho sentito di Anna! Ho portato il termometro e la Tachipirina!

Marco: E io conosco il medico di turno stasera! È il dottor Bianchi.

Anna: Tutti sanno già che sto male?

Maria: Certo! E tra poco arriverà anche la signora Rossi con la sua zuppa miracolosa...

Il dottore arriva a casa.

Dottore: Buonasera! Ah, sei l'amica di Marco!

Marco: Te l'ho detto che lo conoscevo!

Dopo la visita, il dottore scrive una ricetta.

Dottore: È un'influenza. Le scrivo una ricetta.

Maria: La farmacia di turno è in centro!

Laura: Ci vado io!

Anna: Grazie mille per l'aiuto!

Maria: Prego! E domani mattina...

Anna: Lo so, lo so... la zuppa della signora Rossi!

~ CAPITOLO 8 ~

Vivere come un italiano

Scopri la vita quotidiana in Italia e come abbracciare la cultura italiana.

La passeggiata

Sono le sette di sera. Laura e Maria vedono Anna e la invitano a fare la passeggiata.

Maria: È l'ora della passeggiata! Vieni con noi!

Anna: La passeggiata?

Maria: Sì! La passeggiata è un'abitudine italiana per socializzare, vedere gli amici e godersi il bel tempo. È il momento più importante della giornata. Ci vestiamo bene, camminiamo in centro, salutiamo tutti.

Laura: Vieni con noi! Ma prima… forse vuoi cambiarti?

Anna guarda i suoi vestiti da giardinaggio.

Anna: Ah… dobbiamo vestirci bene?

Maria: Certo! La passeggiata è un'occasione sociale!

Anna si cambia e si unisce a Maria e Laura per andare a fare la passeggiata sul lungomare.

Laura: Ecco, si cammina piano piano.

Maria: Ciao Giovanni! Ciao Teresa! Come stanno i bambini?

Anna: Conosci tutti!

Maria: È questo il punto! Si cammina, ci si saluta, e si chiacchiera.

Passano davanti al bar e vedono Marco seduto a uno dei tavolini.

Marco: Volete un aperitivo?

Laura: Prima un altro giro! L'aperitivo è per dopo.

Anna: C'è un ordine preciso?

Maria: Naturalmente! Prima la passeggiata, poi l'aperitivo e infine cena.

Due giri dopo.

Laura: Hai visto? Abbiamo fatto esercizio e abbiamo incontrato tutti.

Maria: Abbiamo visto i nuovi vestiti di Teresa.

Laura: E il nuovo taglio di capelli di Giovanna.

Anna: E abbiamo camminato solo lungo tre strade!

Marco: Ora è il momento dell'aperitivo!

Anna: Ho capito: la passeggiata non è per l'esercizio...

Maria: No! È per vedere ed essere visti!

Laura: Per questo ci si veste bene!

Anna: E domani?

Tutti: Stessa ora, stesso posto!

Niente formaggio sul pesce

Anna, Laura e Marco sono al ristorante per cena. È un ristorante molto conosciuto in città.

Cameriere: Buonasera, cosa prendete?

Laura: Io prendo le trofie al pesto.

Marco: Anche io prendo le trofie al pesto.

Anna: Io prendo gli spaghetti ai frutti di mare.

Poco dopo il cameriere torna portando i tre piatti di pasta.

Cameriere: Ecco le vostre trofie al pesto. Volete un po' di parmigiano?

Marco: Sì, grazie!

Anna: Oh, io voglio parmigiano anche sui miei spaghetti ai frutti di mare!

Laura: No, Anna! Non mettiamo mai il parmigiano sui frutti di mare.

Marco: Giusto! In Italia non si mette il formaggio sui piatti di pesce.

Anna: Perché?

Laura: È una regola. Il formaggio copre il sapore del pesce.

Marco: Sì, il pesce ha un sapore delicato. Il parmigiano è troppo forte.

Anna: Ah, capisco! Quindi niente parmigiano sui frutti di mare.

Laura: Esatto! E anche su altre pietanze di pesce, niente formaggio.

Anna: Va bene, grazie per avermelo spiegato! Adesso non metterò più parmigiano sui frutti di mare.

Marco: Perfetto! Buon appetito!

La cena in terrazza

È una bella sera. Anna prepara la terrazza per una cena. Dal suo giardino, vede Maria che innaffia i fiori.

Maria: Buonasera Anna! Bella serata per unacena fuori!

Anna: Sì! È bellissima!

Maria: Hai invitato qualcuno?

Anna: Oh... no. Non ci ho pensato.

Maria: In Italia, le cene in terrazza sono sempre un evento sociale! Perché non inviti i vicini? Laura adora le cene all'aperto. Marco fa sempre delle belle grigliate nel suo giardino.

Anna: È una bella idea! Li chiamo subito.

Anna chiama Laura e Marco.

Anna: Ciao Laura! Vuoi venire a cena da me in terrazza stasera? Ho invitato anche Maria e Antonio, e i bambini.

Laura: Che gentile! A che ora?

Anna: Alle sette?

Laura: Alle sette? No, no! In estate ceniamo più tardi. Alle otto e mezza è perfetto.

Più tardi, a cena.

Marco: Ricordati che dopo le dieci dobbiamo parlare più piano. Rispettiamo il vicinato!

Anna: Quante regole!

Maria: Sì, ma guarda che bella serata! E domenica prossima... grigliata nel nostro giardino?

Antonio: Sì, con la mia famosa porchetta!

Anna: Con piacere! E invito anche Laura e Marco?

Maria: Certo! Ora hai capito come funziona il vicinato italiano!

Il tavolo prenotato

È domenica. Anna vuole provare il ristorante in piazza. È un ristorante piccolo, con pochi tavoli e una bella vista sulla piazza.

Anna: Buongiorno! Un tavolo per uno, per favore.

Cameriere: Mi dispiace, tutti i tavoli sono prenotati.

Anna: Ma il ristorante è vuoto!

Cameriere: Sì, ma è domenica. Tutti arrivano alle 13.00.

In quel momento entra Maria e la sua famiglia.

Maria: Ciao Anna! Che sorpresa! Cerchi un tavolo?

Anna: Sì, ma sono tutti prenotati.

Maria: Giorgio! Anna può mangiare con noi? È la mia vicina di casa.

Cameriere: Certo, signora Maria! Il tavolo grande vicino alla finestra, come sempre.

Anna si siede con Maria e la sua famiglia.

Anna: Come sempre?

Antonio: Sì, questo è il nostro tavolo ogni domenica da dieci anni!

Maria: Vedi quel signore che entra? È Marco. Lui si siede sempre nell'angolo.

Anna: E Laura?

Maria: Lei viene più tardi con la sua famiglia. Hanno il tavolo rotondo vicino al muro.

Anna: Allora tutti hanno il loro tavolo fisso?

Antonio: Certo! È una tradizione. La domenica, stessi tavoli, stesse famiglie, stesso menù!

Cameriere: Signora Maria, il solito? Pasta al ragù per tutti?

Maria: Sì, e una porzione anche per Anna!

Anna: Ora capisco perché sono tutti prenotati.

Maria: Non sono prenotati, sono riservati per le famiglie del paese! La prossima domenica vieni con noi?

Anna: Con piacere! Stesso tavolo, stessa ora?

Antonio: Ora hai capito come funziona!

In Italia non si mangia mai da soli

Anna sta tornando a casa con le buste della spesa. Incontra Maria per strada.

Maria: Ciao Anna! Che hai comprato di bello?

Anna: Solo qualche cosa per cena, dell'insalata.

Maria: Solo insalata? No, no! Vieni a mangiare da noi stasera!

Anna: Oh, grazie, ma non voglio disturbare…

Maria: Macché disturbo! Ho fatto troppa pasta al forno. Vieni alle otto!

Anna: Devo portare qualcosa?

Maria: No, no! Vieni e basta!

Alle otto, Anna bussa alla porta di Maria con una bottiglia di vino.

Maria: Hai portato il vino? Non dovevi! Antonio, apri questo vino!

Antonio: Vengono anche Laura e Marco.

Anna: Davvero? Ma c'è abbastanza cibo?

Maria: In una casa italiana c'è sempre abbastanza cibo! E se non basta la pasta al forno, faccio una carbonara veloce!

Laura e Marco arrivano con un vassoio di dolci dal bar.

Laura: Non sapevamo cosa portare!

Maria: Non dovevate! Ho fatto una torta!

Due ore dopo, tutti stanno mangiando la torta e i dolci del bar.

Anna: Pensavo di mangiare un'insalata da sola stasera.

Maria: In Italia non si mangia mai soli! E domani sera…

Anna: Domani sera?

Maria: Antonio fa la grigliata! Vieni anche tu?

Anna: Ma non dovete invitarmi sempre!

Laura: Certo che dobbiamo, sei parte del vicinato ora!

Le tradizioni del compleanno

È il compleanno di Anna. Va al solito bar per il suo caffè.

Barista: Buongiorno Anna! Il solito caffè?

Anna: Sì, grazie!

Maria entra nel bar.

Maria: Anna! Non mi hai detto che oggi è il tuo compleanno!

Anna: Come lo sai?

Maria: Facebook! Ma non hai portato i cornetti?

Anna: I cornetti?

Maria: In Italia, il festeggiato porta i cornetti per tutti! È tradizione!

Barista: Sì, sì! E di solito offre anche il caffè agli amici!

Anna: Ah, in Italia è il contrario? Il festeggiato offre?

Maria: Esatto! Aspetta, torno subito!

Maria corre dal panettiere e torna con una scatola di cornetti.

Maria: Ecco! Questo è un regalo da parte mia! Ora puoi offrirli a tutti!

Laura entra nel bar.

Laura: Ho sentito che è il tuo compleanno! Auguri!

Anna: Grazie! Vuoi un cornetto?

Marco entra nel bar.

Marco: Cornetti? Perfetti con il caffè! Auguri Anna!

Il barista sorride.

Barista: E stasera? Hai già organizzato qualcosa?

Anna: No, pensavo di non fare niente.

Maria: Vieni a cena da noi! Faccio una torta!

Laura: Vengo anch'io! Porto il Prosecco!

Marco: E io porto gli antipasti!

Anna: Ma, non dovrei essere io a invitare?

Maria: No, no! Il giorno del compleanno, gli amici organizzano tutto per te! Tu devi solo portare i cornetti la mattina!

Anna: Le tradizioni italiane sono sempre così divertenti!

Ferragosto

È il 15 agosto e Anna decide di andare a fare la spesa. Esce di casa e si dirige verso il negozio vicino. Quando arriva, vede che il negozio è chiuso. C'è un cartello sulla porta che dice: "Chiuso per Ferragosto".

Anna è sorpresa e si chiede:

Anna: Che cos'è Ferragosto?

Decide di andare a un altro negozio, ma anche questo è chiuso. E anche un altro. Tutti i negozi sono chiusi! Anna è confusa.

Mentre cammina per la strada incontra la sua vicina, Maria.

Anna: Ciao Maria! Perché tutti i negozi sono chiusi oggi?

Maria: Ah, oggi è Ferragosto! È una festa molto importante in Italia. Il 15 agosto, molte persone vanno in vacanza e molte aziende chiudono per qualche giorno.

Anna: Davvero? E cosa significa Ferragosto?

Maria: Ferragosto è una festa che ha origini antiche. In passato, era una festa per celebrare la fine del lavoro nei campi. Oggi, è un momento per rilassarsi, stare con la famiglia e gli amici. Molte persone vanno al mare, in montagna o fanno un picnic all'aperto.

Anna: Capisco! Ma io non so cosa fare oggi.

Maria: Non preoccuparti! Vieni a casa nostra! Noi facciamo sempre una cena per Ferragosto. È una tradizione. Mangiamo insieme e passiamo del tempo con le persone care.

Anna: Grazie, Maria! È una bellissima idea!

Anna segue Maria a casa sua. Insieme, preparano una cena deliziosa con piatti tipici italiani, come la pasta, la carne e il gelato. Anna è felice di passare la serata con la sua vicina e di imparare qualcosa di nuovo sulla cultura italiana.

Il ponte festivo

Anna è in città per fare delle commissioni.

Anna: Che strano, la banca è chiusa.

In quel momento, Maria passa accanto.

Maria: Certo! È festa!

Anna: Quale festa?

Maria: L'Immacolata! E domani è ponte.

Anna: Ponte? Ma non è festa venerdì.

Maria: No, ma si fa il ponte! Quando c'è una festa di giovedì, venerdì di solito si fa il ponte fino al fine settimana.

Laura: E molti fanno il ponte lungo e tornano martedì!

Anna: Quante feste ci sono in Italia?

Maria: Allora, le feste più importanti sono il primo gennaio che è Capodanno, poi il sei gennaio che è l'Epifania. Poi c'è Pasqua e Pasquetta, e il 25 aprile, che è la Festa della Liberazione. Il primo maggio è la Festa del Lavoro, e il due giugno la Festa della Repubblica. Il 15 agosto è Ferragosto, e il primo novembre è Tutti i Santi. L'otto dicembre è l'Immacolata, e infine Natale e Santo Stefano che sono il 25 e il 26 dicembre.

Laura: E non dimenticare la festa del patrono!

Anna: Il patrono?

Marco: Il santo protettore del paese. È festa anche quel giorno!

Anna: E come faccio a sapere quando fare il ponte?

Maria: Facile! Se la festa è di giovedì, fai il ponte venerdì. Se è di martedì, fai il ponte lunedì. Se è di sabato o domenica, niente ponte!

Laura: E ricordati: ad agosto TUTTO chiude per due o tre settimane!

Anna: Devo segnare tutte queste date sul calendario.

Maria: Sì! E quando prenoti le vacanze...

Anna: Lo so, lo so... controllo prima le feste!

Marco: Brava! E non provare a fare commissioni durante un ponte!

Anna: Ho imparato la lezione: in Italia le feste sono sacre!

Maria: E i ponti ancora di più!

Il gioco dei gesti

Anna è al mercato perché vuole comprare delle pesche.

Anna: Queste pesche sono mature?

Il fruttivendolo fa un gesto: tocca la sua guancia con un dito. Anna non capisce.

Anna: Scusi, cosa significa questo gesto?

Fruttivendolo: In Italia, quando tocchiamo la guancia così, significa che qualcosa è buono, molto buono!

Più tardi, Anna va al bar e ordina un cappuccino.

Barista: Vuole il cappuccino dopo pranzo?

Il barista fa un altro gesto: muove la mano con le dita unite.

Anna: Cosa significa?

Barista: Questo gesto significa 'ma che fai?' In Italia non beviamo il cappuccino dopo pranzo!

Anna cammina per strada e vede la sua vicina Maria. Maria è lontana e fa un gesto: muove la mano avanti e indietro.

Anna: Ciao!

Maria: Ciao!

Maria: Quando muoviamo la mano così, significa 'vieni qui!'

Anna e Maria vanno insieme al ristorante. Il cameriere dice che la pasta al tartufo è finita.

Maria alza il mento e fa un piccolo suono.

Maria: Tsk.

Anna: E questo cosa significa?

Maria: Ah, questo gesto significa 'no'. È un modo molto italiano di dire no!

Quando arriva, il conto è molto salato. Anna tocca sotto il suo occhio con un dito.

Maria ride forte.

Maria: No, no! Quel gesto significa 'attenzione, stai attento!' Non è per i prezzi alti!

La sera, Anna cena a casa di Maria.

Maria: Ti piace la pasta?

Anna: Sì!

Anna tocca la sua guancia con il dito.

Poi Anna vede che il piatto è vuoto e fa il gesto delle dita unite.

Anna: Ancora pasta?

Maria batte le mani.

Maria: Bravissima! Ora parli italiano con le mani!

La visita del tecnico

Il condizionatore di Anna non funziona. Fa molto caldo, perciò decide di chiamare il tecnico.

Anna: Buongiorno, il mio condizionatore è rotto.

Tecnico: Non si preoccupi, arrivo fra cinque minuti!

Dopo due ore, Anna chiama Maria.

Anna: Ha detto 'fra cinque minuti' ma non è ancora arrivato!

Maria: Ah! 'Fra cinque minuti' in Italia può significare fra un po'! Hai chiamato Giuseppe?

Anna: No, ho trovato questo numero su internet.

Maria: No, no! Devi chiamare Giuseppe! È il tecnico del paese. Tutti lo conosciamo. Lo chiamo io!

Dieci minuti dopo.

Maria: Giuseppe arriva oggi pomeriggio. È il cugino di Marco!

Anna: Davvero?

Maria: Sì! E preparati a offrire il caffè!

Nel pomeriggio, Giuseppe arriva.

Giuseppe: Maria mi ha detto del condizionatore. Ma prima, come ti trovi in Italia?

Anna: Bene, grazie! Vuoi un caffè?

Giuseppe: Ah, perfetto! Due chiacchiere e poi vediamo questo condizionatore.

Dopo il caffè e venti minuti di conversazione sulla famiglia, il tempo e il calcio.

Giuseppe: Ecco fatto! Era solo un filtro sporco. Per te, solo 30 euro.

Anna: Così poco?

Giuseppe: Sconto famiglia. E se hai altri problemi, chiamami direttamente. Questo è il mio numero. Arrivo sempre... fra cinque minuti!

Anna: Grazie!

Le abitudini dei vicini

Anna sta tagliando l'erba la domenica mattina.

Maria dice ad Anna dal suo giardino.

Maria: Anna! Non puoi tagliare l'erba la domenica!

Anna: Perché no?

Maria: Perché è domenica! Non si fa rumore la domenica. È un giorno di riposo.

Anna: Ma io taglio sempre l'erba nel fine settimana!

Maria: Lo so, ma qui è una regola. La gente riposa. È importante fare silenzio.

Laura dice ad Anna dal suo balcone.

Laura: E lo stesso vale per la pausa pranzo. Dalle tredici alle quindici, niente rumore!

Maria: Esatto! Tutti sono a casa e cercano di riposare. È rispettoso fare silenzio in quelle ore.

Anna: Ah, non lo sapevo. Pensavo di poter fare tutto la domenica!

Maria: No, no! È una regola non scritta nel paese. Tutti la seguono. I bambini giocano dentro e la gente riposa dopo pranzo.

Laura: Sì, niente tagliaerba o trapani in quelle ore!

Anna: Cosa posso fare la domenica allora?

Maria: Puoi fare cose tranquille. Leggere o prendere un caffè sul terrazza, ma niente lavori rumorosi.

Laura: Se vuoi fare una passeggiata o incontrare qualcuno, va bene! Ma niente attività rumorose.

Anna: Ah, ora capisco! Niente rumore la domenica, e soprattutto dalle tredici alle quindici.

Maria: Esatto! È una bella abitudine per avere un po' di pace.

Anna: Grazie per avermelo detto. Farò più attenzione al rumore d'ora in poi.

Maria: Brava! Stai imparando le regole del paese!

Anna: Da ora in poi, mi godrò le domeniche in tranquillità!

L'invito rifiutato

Anna sta organizzando una cena per sabato e chiama Maria per invitarla.

Anna: Ciao Maria! Faccio una cena sabato. Vuoi venire?

Maria: Oh, Anna, mi dispiace tanto, ma ho già un altro impegno con la famiglia. Che ne dici di pranzare da me domenica prossima?

Anna: Che bella idea! Allora ci vediamo domenica!

Più tardi, Anna prende un caffè con Laura e le racconta dei suoi piani.

Anna: Ho invitato Maria a cena, ma non può venire. Però mi ha invitata a pranzo domenica!

Laura: Perfetto! È così che si fa in Italia. Quando non puoi accettare un invito, proponi subito un'altra data. Così dimostri che vuoi davvero vedere la persona.

Anna: Ah, ora capisco! Maria è davvero gentile.

Laura: Sì, è una cosa importante. Non dire mai solo 'no' senza spiegare.

Anna sorride, felice di imparare sempre di più sulla cultura italiana.

Il bar del paese

Anna va al bar per un caffè.

Barista: Il solito?

Anna: Cos'è 'il solito'?

Maria entra nel bar.

Maria: Dopo tre giorni, tutti hanno il loro solito! Paolo sa sempre cosa vogliono i clienti.

Barista: Caffè macchiato caldo per Maria e per Anna, vediamo caffè americano?

Anna: Sì! Come lo sai?

Maria: Te l'ho detto, Paolo sa tutto! E al banco o al tavolo?

Anna: C'è differenza?

Maria: Certo! Al banco costa meno, ma al tavolo puoi fare due chiacchiere! E poi, ogni tavolo ha i suoi clienti fissi!

Anna: Davvero?

Maria: Guardati intorno. Al tavolo vicino alla finestra ci sono i pensionati, la mattina. Al banco ci sono i caffè veloci per chi lavora. I tavoli fuori sono per l'aperitivo la sera. Al tavolo dell'angolo ci sono persone che giocano a carte il pomeriggio.

Barista: E non dimenticare di segnare!

Anna: Segnare?

Maria: Puoi pagare alla fine del mese. Paolo segna tutto!

Marco entra nel bar.

Marco: Paolo! Il giornale?

Barista: Sul tuo tavolo, come sempre!

Anna: Anche i giornali hanno posti fissi?

Maria: Tutto ha un posto fisso! E alle 11:00...

Un gruppo di signore entra nel bar.

Laura: Ecco il gruppo delle paste!

Anna: Paste?

Maria: Pausa caffè e pasta. Vengono ogni giorno alla stessa ora!

Barista: Anna, vuoi segnare?

Anna: Sì!

Maria: Perfetto! E ricorda...

Anna: Lo so! Mai cappuccino dopo le 11:00!

Barista: Brava! Ora sei davvero del paese!

Before you go

Enjoyed *Seconda Casa*?

Ciao!

Thank you for reading *Seconda Casa*! I hope this collection of everyday conversations has helped you better understand Italian language and culture, and inspired you to speak more Italian.

If you enjoyed learning with these practical dialogues and situations, visit the CiaoHello website at www.ciaohello.ai. On the website you will find more stories, conversation topics, and learning resources to support your Italian language journey.

Arrivederci!
Angie Branaes

Want to use *CiaoHello* books in your classroom?

At *CiaoHello*, we are committed to making engaging and relevant language learning materials available to educators and students.

If you want to use *CiaoHello* books for your classroom or tutoring sessions, email us at education@ciaohello.ai to discuss learning resources and educational discounts.

Visit our education pages on www.ciaohello.ai/education for ideas on how to use our books and stories in your classroom. A great starting point is to have students practice speaking and acting out the dialogues from our stories.

We look forward to hearing from you!
The CiaoHello Team

About the author

Angie Branaes grew up in Norway, lives in England, and spends her summers in Italy. In Italy, she realised that speaking Italian like a local was essential for daily life – from chatting with the neighbours, to maintaining the house, and shopping at the market. Disappointingly, she found language apps too touristy, and books too complex and irrelevant for everyday situations.

This sparked Angie's mission to create practical language books focused on the vocabulary needed for real-life interactions. Her *Easy Italian* books emphasise simple, present-tense verbs and everyday phrases, empowering learners to communicate with confidence in any situation.

Common expressions

Below you'll find a summary of common Italian expressions. You can use this as a quick reference to remember the most used phrases.

Greetings

Ciao: Hi/Bye
Buongiorno: Good morning/day
Buonasera: Good evening
Arrivederci: Goodbye
Come stai/sta?: How are you? (informal/formal)
Come va?: How is it going? (informal)
Bene, grazie: Fine, thank you
E tu/Lei?: And you? (informal/formal)

Polite phrases

Grazie: Thank you
Grazie mille: Thanks a lot
Prego: You're welcome
Per favore: Please
Scusa: Excuse me (informal)
Mi scusi: Excuse me / Sorry (formal)
Non c'è problema: No problem

Questions

Quanto costa?: How much does it cost?
Dove si trova...?: Where is...?
Posso...?: Can I...?
Parli inglese?: Do you speak English?

Common phrases

Che bello!: How nice!
Va bene: It's fine
Non lo so: I don't know
Mi piace: I like it
Non mi piace: I don't like it
Ho fame/sete: I'm hungry/thirsty

Dates

Oggi: Today
Domani: Tomorrow
Ieri: Yesterday
Settimana: Week
Fine settimana: Weekend
Anno: Year

Days of the week

Lunedì: Monday
Martedì: Tuesday
Mercoledì: Wednesday
Giovedì: Thursday

Venerdì: Friday
Sabato: Saturday
Domenica: Sunday

Time expressions

Scorso/a: Last
Questo/a: This
Prossimo/a: Next
Adesso: Now
Poi: Then
Prima: Before
Dopo: After
Sempre: Always
Mai: Never
Spesso: Often
Una volta: Once
A volte: Sometimes
Un momento/attimo: One moment
Aspetta: Wait

Directions

Vai dritto: Go straight
Gira a sinistra: Turn left
Gira a destra: Turn right
Scendi giù: Go down
Salite su: Go up
Torna indietro: Turn back

Numbers

0: Zero, 1: Uno, 2: Due, 3: Tre, 4: Quattro, 5: Cinque, 6: Sei, 7: Sette, 8: Otto, 9: Nove, 10: Dieci,

11: Undici, 12: Dodici, 13: Tredici, 14: Quattordici, 15: Quindici, 16: Sedici, 17: Diciassette, 18: Diciotto, 19: Diciannove,

20: Venti, 30: Trenta, 40: Quaranta, 50: Cinquanta, 60: Sessanta, 70: Settanta, 80: Ottanta, 90: Novanta,

100: Cento, 1000: Mille.

Ordinals

For ordinals, the ending changes based on the gender of the noun it refers to. This means to say 1st we use **primo** for masculine and **prima** for feminine, and to say 2nd we use **secondo** for masculine and **seconda** for feminine, etc.

Italian grammar cheat sheet

We've included this basic Italian grammar cheat sheet to help you get familiar with the essentials. The main thing to remember is that in Italian, we adjust how we say things based on two important factors: the gender of the noun (whether it's masculine or feminine) and whether the noun is singular or plural.

Word order

Word order in Italian is similar to English: **Subject + Verb + Object.** E.g., "Anna mangia una mela." (Anna eats an apple.)

Use subject pronouns sparingly. They are often dropped because the verb indicates the subject. E.g., "Mangio una mela." (I eat an apple.)

Articles

Italian has definite and indefinite articles (like "the" and "a" in English). These change based on gender, and whether the noun is singular or plural. For example, "il" is used for masculine singular nouns, and "la" is for feminine singular nouns.

Definite Articles ("the")

Type	Singular	Plural
Masculine	il libro, lo studente, l'amico	i libri, gli studenti, gli amici
Feminine	la casa, l'amica	le case, le amiche

When to use the masculine singular articles:
- **Il** before most consonants (e.g., il libro).
- **L'** before vowels (e.g., l'amico).
- **Lo** before z or s + consonant (e.g., lo zaino, lo studente).

Gender of nouns

In Italian, every noun has a gender – either masculine or feminine. There is no neutral gender ("it") in Italian and other latin based languages. You will just have to memorise the gender of the nouns. The easiest way to do this is to consume a lot of Italian content.

The gender of the noun affects the form of other words in the sentence, such as articles and adjectives. For example, il libro (the book) is masculine, while la casa (the house) is feminine. Once you know the gender of a noun, it's easier to use the correct forms of words around it.

Masculine nouns: Usually end in **-o** (e.g., ragazzo) or a consonant (e.g., sport).

Feminine nouns: Usually end in **-a** (e.g., ragazza) or **-ione** (e.g., lezione).

Irregular nouns: Some words are exceptions (e.g., mano is feminine, problema is masculine).

Singular ending	Plural ending
-o	-i
-a	-e
-e	-i

Pronouns

Subject Pronouns

Person	Italian	English
1st singular	io	I
2nd singular informal	tu	you
2nd singular formal	Lei	you (formal)
3rd singular masculine	lui	he
3rd singular feminine	lei	she
1st plural	noi	we
2nd plural	voi	you (plural)
3rd plural	loro	they

Direct object pronouns (Who? What?)
mi, ti, lo/la, ci, vi, li/le

Indirect object pronouns (To whom?)
mi, ti, gli/le, ci, vi, gli

When to use the formal pronoun "Lei"
Use it with strangers, elderly people, in professional settings, and with people of authority.

Verbs

Italian verbs are grouped into three conjugations based on their endings: **-are, -ere, -ire.**

Regular verbs follow predictable conjugation patterns, as shown in the table below:

Person	-are (parlare)	-ere (prendere)	-ire (dormire)
I	parlo	prendo	dormo

Person	-are (parlare)	-ere (prendere)	-ire (dormire)
You	parli	prendi	dormi
He/She	parla	prende	dorme
We	parliamo	prendiamo	dormiamo
You (plural)	parlate	prendete	dormite
They	parlano	prendono	dormono

Irregular verbs do not follow the regular conjugation patterns. You just have to memorise them. Here are some common irregular verbs:

Verb	Meaning	Conjugation
essere	to be	sono, sei, è, siamo, siete, sono
avere	to have	ho, hai, ha, abbiamo, avete, hanno
fare	to do	faccio, fai, fa, facciamo, fate, fanno
andare	to go	vado, vai, va, andiamo, andate, vanno
venire	to come	vengo, vieni, viene, veniamo, vene, vengono
dire	to say	dico, dici, dice, diciamo, dite, dicono

Modal verbs are used to express ability, necessity, or desire. They always follow an infinitive verb. (E.g., Potere: "Posso entrare?" (Can I enter?), Volere: "Voglio mangiare." (I want to eat.))

Conjugating the formal "Lei"

In Italian, the formal Lei is conjugated as a 3rd person singular pronoun. E.g., "Lei mangia." (She eats). The easiest way to remember this rule is to think of formal speech as how butler would speak to you "Would Mr Smith like a cup of tea?".

Common prepositions

Italian	Meaning	Example
a	to, at, in	Vado **a** Roma. (I go to Rome.)
in	in, into, to	Sono **in** Italia. (I am in Italy.)
di	of, from	Un libro **di** Marco. (A book by Marco.)
da	from, since, by	Vengo **da** Milano. (I come from Milan.)
con	with	Esco **con** amici. (I go out with friends.)
su	on, about	Il libro è **su** tavolo. (The book is on the table.)
sopra	on, above	Il libro è **sopra** il tavolo. (The book is above the table.)
sotto	under, below	Il libro è **sotto** il tavolo. (The book is under the table.)
tra/fra	between, among	Il libro è **tra/fra** noi. (The book is between us.)
per	for, through, by	Vado **per** Roma. (I go through Rome.)
dietro	behind	Il libro è **dietro** il tavolo. (The book is behind the table.)
davanti	in front of	Il libro è **davanti al** tavolo. (The book is in front of the table.)
intorno	around	Cammino **intorno al** parco. (I walk around the park.)
di fianco	next to	La casa è **di fianco al** parco. (The house is next to the park.)

Using prepositions with articles

In Italian, many prepositions combine with definite articles (il, lo, la, l', i, gli, le). These are called preposizioni articolate (contracted prepositions). Here's how they work:

Preposition	il	lo	l'	la	i	gli	le
a	al	allo	all'	alla	ai	agli	alle
in	nel	nello	nell'	nella	nei	negli	nelle
di	del	dello	dell'	della	dei	degli	delle
da	dal	dallo	dall'	dalla	dai	dagli	dalle
su	sul	sullo	sull'	sulla	sui	sugli	sulle

Examples:
- al: Vado al mercato. (I go to the market.)
- nel: Vivo nel centro. (I live in the center.)
- del: Il libro del ragazzo. (The boy's book.)
- dallo: Vengo dallo stadio. (I come from the stadium.)
- sul: Il libro è sul tavolo. (The book is on the table.)

When to contract prepositions
Prepositions only contract when they are directly followed by a definite article (e.g., il, la). They do not contract with indefinite articles (e.g., un, una). E.g., "Sono **in una** città." (I am in a city.). Sono **nella** città. (I am in the city.)

When to use "In" vs "A":
- "In" often refers to being inside or within, including countries. E.g., "Vivo **nel** centro." (I live in the center.)
- "A" is used for destinations. E.g., "Vado **al** ristorante." (I go to the restaurant.)

"Di" for possession:
- It functions like 's in English. E.g., "Il cane **del** ragazzo." (The boy's dog.)

Location:
- Il libro è **sul tavolo**. (The book is on the table.)
- La sedia è **dietro la porta**. (The chair is behind the door.)
- Vivo **in Italia**, ma lavoro **a Roma**. (I live in Italy, but I work in Rome.)

Movement:
- Vado **a scuola** ogni giorno. (I go to school every day.)
- Cammino **verso il parco**. (I walk toward the park.)
- Arrivo **dall'aeroporto** alle sei. (I arrive from the airport at six.)

Time and Abstract Uses:
- Ci vediamo **tra due ore**. (We'll see each other in two hours.)
- È una storia **sul futuro**. (It's a story about the future.)
- Lavoro **per tre giorni**. (I work for three days.)

Adjectives

Adjective endings must match the gender and number of the noun they describe. Most adjectives follow the noun (e.g., "una casa grande"), but some common ones (e.g., un bello libro) can come before.

Reflexive verbs

Reflexive verbs are used when the subject and object of the verb are the same. In English, these are often translated with "myself," "yourself," etc. Reflexive verbs always include a reflexive pronoun (**mi, ti, si, ci, vi, si**) before the verb. You use them as **Reflexive Pronoun + Conjugated Verb**. E.g., "Mi alzo alle sette." (I get up at seven.)

Here is how you'd conjugate the verb Alzarsi (to get up):

Pronoun	Reflexive pronoun	Conjugated verb
io	mi	alzo
tu	ti	alzi
lui/lei	si	alza
noi	ci	alziamo

Pronoun	Reflexive pronoun	Conjugated verb
voi	vi	alzate
loro	si	alzano

Verbs with pronouns

Some verbs can combine with direct or indirect object pronouns to indicate "for me," "to you," "for us," etc. The pronoun attaches to the **infinitive** or stands before a conjugated verb. When attaching the pronoun to the infinitive, drop the final "e". E.g., comprare + mi → comprarmi. - Infinitive verb joined with pronoun: "Devo comprar**mi** un divano." (I need to buy myself a sofa.)
- Pronoun before conjugated verb: "**Mi** compro un divano." (I buy myself a sofa.)

Pronoun	Meaning	Example
mi	for me	Comprami una pizza. (Buy me a pizza.)
ti	to you	Ti scrivo una lettera. (I'll write you a letter.)
gli/le	to him/her	Gli porto un regalo. (I'll bring him a gift.)
ci	for us	Ci dai il libro? (Will you give us the book?)
vi	to you (pl.)	Vi compro qualcosa. (I'll buy you something.)
gli	to them	Gli mando un messaggio. (I'll send them a message.)

Imperative

The imperative mood in Italian is very useful when you're interacting with people in everyday situations; whether you're giving directions, making requests, or offering suggestions. It is used to give commands, requests, advice, or suggestions. It's similar to saying "do something" or "let's do something" in English.

Note that when we use imperative, we don't use the subject pronoun (E.g., we say "Mangia!" instead of "Tu mangia!").

Forming the imperative
For regular verbs, the imperative is formed differently depending on the verb ending (-are, -ere, -ire) and whether the command is informal (tu) or formal (Lei).

-are verbs: Drop the final -re and add -a for "tu" (informal) and -i for "Lei" (formal).

Mangiare (to eat):
- Tu: mangia! (Eat! - informal)
- Lei: mangi! (Eat! - formal)

-ere verbs: Drop the final -re and add -i for "tu" (informal) and -a for "Lei" (formal).

Leggere (to read):
- Tu: leggi! (Read! - informal)
- Lei: legga! (Read! - formal)

-ire verbs: Drop the final -re and add -i for "tu" (informal) and -a for "Lei" (formal).

Dormire (to sleep):
- Tu: dormi! (Sleep! - informal)
- Lei: dorma! (Sleep! - formal)

The "noi" form (let's...) and the "voi" form (you all...) both use their respective present tense conjugations, e.g., Andiamo! (Let's go!) and Mangiate! (Eat! - plural).

When using direct or indirect object pronouns (like mi, ti, lo, la, ci, vi) with the imperative, they are attached to the verb. E.g., Guardami! (Look at me!).

Vocabulary

A

abbronzarsi to tan
abbronzatura tan
abitudine habit, usual
accanto next to
accendere to turn on
accogliente cozy
accoglienza reception
accogliere to welcome, greet
accordo agreement
acqua water
acqua frizzante sparkling water
acquistare to buy, to purchase
acquisti purchases, shopping
acquisto purchase
addetto attendant, assistant
addormentarsi to go to sleep
adesso now
affettati charcuterie
affittare to rent out
affitto rent

affittuario tenant
agente agent
aggiungere to add
aggiuntivo additional
aglio garlic
agnello lamb
agosto August
agricoltura agriculture
aiutare help
alberi trees
albero tree
alcune some
alimentari grocery store
alta high
amico/a friend
ammorbidente softener
ancora again
andare to go
annaffiare to water
antica ancient
antidolorifico painkiller
antipasto appetizer
aperitivo pre-dinner drinks and snacks

appuntamento appointment
arancia orange
arancione orange
aria fresca fresh air
armadio wardrobe
arredamento furniture
arrivare to arrive
arrivederci goodbye
arrosto roast
arte art
artista artist
asciugamano towel
asciugare to dry
asciugatrice dryer
ascoltare to listen
aspirapolvere vacuum cleaner
assaggiare to taste, try
assaporare to savour
assicurazione insurance
attaccare to plug in
attività activity
attivo active
attrezze tool
auguri congratulations
auto car
automatico automatic
autonoleggio rental car
autostrada highway

avere to have
avviso notice
azzurro light blue

B

bagnarsi to get wet
bagnino lifeguard
bagno bath
bambino child
bambù bamboo
banca bank
bancarella market stall
banchetti stalls
bancomat debit card
bancone counter
bar bar
barca boat
basilico basil
bel problema big problem
bellissimo beautiful
bello/a beautiful
bene good
bensì but instead, but rather
benvenuto/a welcome
bere to drink
bevanda drink

bianco white
bicchiere glass
biglietto ticket
biscotto cookie
bisogno need
bistecca steak
blu blue
borsa handbag
bottiglia bottle
bracciolo floatie
branzino sea bass
brindare to toast
brioche sweet bun
bucato laundry
buonanotte good night
buongiorno good morning
buonissimo very good
buono good
buono/a good
burro butter
busta bag

C

caffè coffee
calamari squid
caldo warm

camera da letto bedroom
cameriere/a waiter/waitress

camerino fitting room
camminare to walk
campione sample
candeggina bleach
cantante singer
cantina winery
capelli hair
cappuccino cappuccino
carino/a cute
carne meat
carne macinata minced meat
caro expensive
carrello shopping cart
carta card
carta di credito credit card
carta igienica toilet paper
cartello sign
casa house
cassa checkout
cassetto drawer
cavalieri knights
celebrare celebrate
cena dinner
ceramica ceramics
cercare to look for
certo sure
cesoie pruning shears
cespuglio bush

cesto larger basket
chiacchierare to chat
chiacchiere small talk, chit chat
chiamare to call
chiaro light
chiavi keys
chilo kilogram
chiuso closed
ciao hello
cibo food
cioccolato chocolate
ciotola bowl
cipolla onion
citofonare to ring the doorbell
città town
codice fiscale fiscal code
colazione breakfast
collina hill
colorate colourful
colore color
colpi di sole highlights
coltello knife
comfort comfort
comitato committee
commesso/a shop assistant
comodo comfortable
compleanno birthday

complimentare to compliment
comprare to buy
comune local government office, municipality
comunicare to communicate
concerto concert
condividere to share
condizionatore air conditioner
confermare to confirm
coniglio rabbit
cono ice cream cone
conoscere to meet, to know
consegnare to deliver
consigli recommendations, advice
consigliare to recommend
contanti cash
contatti contact details
contenitore container
conto bill
contrattare to haggle
contratto contract
controllare to check
coperta blanket

copertura coverage
coppetta small cup (for gelato)
coprire to cover
cornetto croissant
correre to run
corriere delivery man
corso class, course
corteo parade
corto short
costa coast
costare to cost
costolette ribs
costume da bagno swimsuit
così so
cotone cotton
cozze mussels
crema cream
crema solare sunscreen
cucchiaio spoon
cucina kitchen
cucinare to cook
cugino cousin
cuocere to bake
cuoco cook
cuscino pillow

D

dati data
davvero really
decidere decide
degustazione di vini wine tasting
delizioso delicious
deposito cauzionale security deposit
detergente cleaner
detersivi cleaning products
di fianco next to
dietro behind
dipingere to paint
direzioni directions
dispiace sorry

disponibile available
disponibilità availability
disturbare disturb
dito finger
divano sofa
divertirsi to have fun
documentazione documentation
documento document
dolce dessert, sweet
domani tomorrow
domenica Sunday
donna delle pulizie cleaner

E

ecco here
economico cheap
elegante elegant
elettricista electrician
email email
emergenza emergency
erba grass

erbacca weed
esposizione exhibit
estate summer
esterno outdoor
etichetta label
etti hectogram (100 grams)

F

faccio to do
famiglia family
fare la spesa to go shopping
farina flour
farmacia pharmacy
farmacista pharmacist
febbre fever
felice happy
festa party, festival
fiamme flames
figlia daughter
figlio son
figurati forget about it
filtro filter
fine settimana weekend
finestra window
finire to finish
fiore flower
firma signature
forchetta fork
formaggiaio cheese vendor
formaggio cheese
formica ant
forno oven
fra in
fragola strawberry
fragrante fragrant

frantoio olive mill
frescare to freshen up
freschissimo very fresh
fresco fresh
frigorifero fridge
frutta fruit
frutti di mare seafood
fruttivendolo fruit vendor

G

gabbiani gulls
galleria gallery
gelataio ice cream vendor
gelateria ice cream shop
gelato ice cream
gestire to manage
gestore manager
giacca jacket
giallo yellow
giardinaggio gardening
giardiniere gardener
giardino garden
giocare to play
giornale newspaper
giornata day
giorni days
giorno day
giovedì Thursday
giro tour, ride
gita trip, excursion
giubbotto di salvataggio life jacket
gocciola drip
godere to enjoy
grande big
gratuito free
grazie thank you
grigio gray

grissini breadsticks
grotta cave
gruppo group
guancia cheek
guanti gloves
guardare to look at
guardia medica medical guard
guida guide
guidare to drive
gustare to taste
gusto flavor

I

identificazione identification
idraulico plumber
illuminazione lighting
imbianchino painter
immobiliare real estate
imparare to learn
impasto dough
impegno commitment
impianto di irrigazione irrigation system
impiegato employee, office worker
improvvisato last-minute
incontrare to meet
incontrarsi to meet
indicazioni directions
indirizzo address
informazioni information
ingrediente ingredient
ingresso entrance
insalata salad
insieme together
installare to install
interessante interesting
internet internet
interruttore switch
invece instead, on the other hand
invitare invite
invito invite
isola island

L

lampada lamp
lampadina light bulb
lasciare to leave
latte milk
lavanderia laundry
lavandino sink
lavare to wash
lavastoviglie dishwasher
lavatrice washing machine
lavorare to work
lavoro work
leggere to read
leggero light, thin
lei she
lenzuola bedsheets
lettino beach bed

letto bed
lezione lesson
libreria bookcase
lievito yeast
limone lemon
limpida clear, transparent
lino linen

lista list
locale local
lui he
lunedì Monday
lungo long
lungomare seafront

M

macchina car
macché actually
macellaio butcher
macelleria butcher shop
maglietta t-shirt
maiale pork
mal di gola sore throat
mangiare to eat
mantenere to maintain
manutenzione maintenance
manzo beef
mappa map
mare sea
marito husband
martedì Tuesday
materiale material
mattina morning
medicine medicines

medico doctor
melone melon
meno minus
menù menu
meraviglioso/a wonderful, marvellous
mercato market
mescolare to mix
messaggio message
mettere to put
mettere via to put away
mezzo half
mezzogiorno midday
minute minute
mobili furniture
modello model
modem modem
moderno modern
moglie wife

moka coffee pot
molo dock
molto a lot
moneta coin
mop mop
morbida soft

mostra exhibition
mostrare show
multa fine, penalty
muro wall
musica music

N

natura nature
navigare to browse
navigazione navigation
necessario necessary
negoziante merchant
negozio shop
niente nothing, not at all, no
nocciola hazelnut
noleggiare rent

nome name
normale normal
nove nine
numero phone number
numero civico house number
numero di telefono phone number
nuotare to swim
nuovo/a new
nuvola cloud

O

occhiali glasses
occhiali da lettura reading glasses
occhiali da nuoto swimming goggles
occhiali da sole sunglasses

oceano ocean
offrire offer
oggetti d'arte art pieces
ogni every
olio oil
olio d'oliva olive oil

olio extra vergine extra virgin olive oil
oliva olive
oliveto olive grove
ombra shade
ombrellone beach umbrella
onde waves
opera work, piece (of art)
opzione option
orario time

ordinare to order
ordinato tidy
ore hours
organico organic waste
organizzare organize
orto kitchen garden
ospitare to host
ottimo excellent
otto eight
ovvio obvious

P

pacco package
padella pan
padelle pans
paese town, village
pagamento payment
pagare to pay
pallone ball
panchina bench
pane bread
panetteria bakery
panettiere baker
panino sandwich
panna cream
panni clothes
pantaloni pants

parcheggio parking
parco park
parete wall
parmigiano parmesan
parrucchiere hairdresser
partenza departure
passeggiata walk
pasticceria pastry shop
pasticcini pastries
pasto meal
pavimento floor
pelle leather
penna pen
pennello brush
pentola pot

pentole pots
perché why
perciò therefore
perdita leak
periodo period
permesso permit
persona person
pesca peach
pesce fish
pesche peaches
pescheria fish shop
pescivendolo fishmonger
peso weight
piace like
piacere pleasure, nice to meet you
pianificare to plan
pianta plant
piantare to plant
piatto plate, dish
piatto principale main dish
piazza square
piccolo small
picnic picnic
piegare fold
piscina pool
pistacchio pistachio
pittura painting
più more

plastica plastic
pollo chicken
polpo octopus
poltrona armchair
polvere dust
pomeriggio afternoon
pomodoro tomato
ponte bridge
porta door
porto port
porzione portion
posate cutlery
pranzo lunch
prato lawn
precisa precise
preferito favorite
prendere to take
prendersi cura to take care of, to look after
prenotare to reserve
prenotato reserved
prenotazione reservation
prepagata prepaid
preparare to prepare
presa socket
prezzo price
primo first, first course
privata private
problema problem

prodotti products
produttore producer
produzione production
programma schedule
pronto ready
propongo propose

prosciutto ham
protezione protection
protezione solare sunscreen
provare to try on
pulire to clean
pulizia cleaning

Q

quaderno notebook
qualità quality
quanto costa how much does it cost

quartiere neighbourhood
quarto quarter
qui here
quindi therefore

R

raccolta collection
raccomandazione recommendation
ragione reason
regalo gift
regione region
regole rules
reparto department
repellente repellent
residente resident
ricaricare to recharge

ricetta recipe
ricevere receive
richiesta request
riciclare to recycle
rifare to make again
rifiutare decline
rifiuti waste
rilassare relax
rimastare to stay
rimuovere to remove
rinciacqua to rinse

riparare to repair/fix
riporre to put away
riposare rest
riposo rest
rispettare respect
ristorante restaurant
ritira pick up
ritirare to pick up, collect
ritornare to return

riunione meeting
riva shore
rivedere to review
rivista magazine
rosa pink
rosso red
rotazione rotation
rullo roller
rumore noise

S

sabato Saturday
sabbia sand
sacchetto bag
salatini salty snacks
sale salt
salire to get on board
salotto living room
salsiccia sausage
salumi cold cuts, cured meats
salumiere charcuterie vendor
salutare to greet
salute cheers
saluto greeting
sandali sandals
sapere know

sapone soap
sapore taste
scaffale shelf
scampi shrimp
scarpa shoe
scarpe shoes
scegliere to choose
scogliere cliffs
scontato discounted
sconto discount
scontrino receipt
scopa broom
scoprire to discover
scottatura sunburn
scrivere to write
scultura sculpture
scusa excuse me

secchio bucket
seconda casa second home, holiday home
secondo second, main course
sedere to sit
sedia chair
segnare sign
seguire to follow
semina planting (seed)
semplice simple
sempre always
sentieri trails
sette seven
settimana week
settimanale weekly
sfornato baked
sfumatura shade
sfumature shades
shampoo shampoo
shopping shopping
sia ... sia ... both ... and ..., whether ... or ...
siesta nap
silenzio silence
sim SIM card
sistema to settle in
sistema di irrigazione watering system
sistemare to set (the table)

sociale social
soddisfatta satisfied
soggiorno living room
sogno dream
soldi money
sole sun
solito usual
sollievo relief
sommelier sommelier
sorridere to smile
sottile thin
sottofondo background
spaghetti spaghetti
spazzatura trash
spazzola brush
specchio mirror
spegnere to turn off
spesa groceries, shopping
spettacolo show
spiaggia beach
spiegare to explain
spolverare to dust
sporco dirty
spremitura pressing
spritz spritz (a popular Italian drink)
stagione season
stanza room
stanza da letto bedroom

stasera tonight
straccio cloth
strada street
strada panoramica scenic route
strati layers
stretto tight
strumento instrument

stuzzichini appetizers or small snacks
subito immediately
supermercato grocery store
surgelati frozen food
sussurrando whispering
svuotare to empty

T

taglia size
tagliare to cut
tagliere platter
tanti many
tappo cork
tariffa fee, rate (for parking)
tasse taxes
tavola da paddle paddle board
tavolino sofa table
tavolo table
tazza cup
tecnico technician
telefono phone
telo mare beach towel
tempo time
tendenze trends
terrazza terrace

tessera sanitaria health card
tessuto fabric
tinte hues
tipico/a typical
tornare to return
torta cake
tovaglia tablecloth
tradizione tradition
traghetto ferry
tramontare to set (sunset)
tramonto sunset
tranquillità calm
tranquillo quiet
trappola trap
trovare to find
tubo pipe

tubo da giardino garden hose

tuffarsi to dive
turista tourist

U

ufficialmente officially
ufficio office
un po' a bit

uova eggs
uva grape

V

vacanza holiday
valigia suitcase
vaniglia vanilla
varietà variety
vaso vase, plant pot
vedere to see
verde green
verdura vegetables
vernice paint
versare to deposit, to transfer money
vestire dress
vestiti clothes
vetro glass
viaggio in auto road trip

vicini neighbours
vicino near
vigneto vineyard
vino wine
vino bianco white wine
vino locale local wine
vino rosato rosé wine
vino rosso red wine
visita visit
visitare to visit
vista view
vitello veal
volentieri willingly
vongole clams

Z

zona area

zona a traffico limitato (ZTL) limited traffic zone

zucchero sugar

Printed in Dunstable, United Kingdom